लेखक की कलम से ....

परिवर्तन की शुरुआत केवल एक पुस्तक नहीं है, बल्कि स्वयं को पहचानने, अपनी सीमाओं को तोड़ने और जीवन को नई दिशा देने की एक यात्रा है।

हम सभी के भीतर अपार संभावनाएँ छिपी होती हैं, लेकिन अक्सर डर, असफलता, बहाने और आत्म-संदेह हमें अपनी वास्तविक क्षमता तक पहुँचने से रोक देते हैं। यह पुस्तक आपको उन बाधाओं को पहचानने और उनसे ऊपर उठने की प्रेरणा तथा व्यावहारिक मार्गदर्शन प्रदान करती है।

इस पुस्तक में आप सीखेंगे कि कैसे अपनी सोच को सकारात्मक दिशा दें, आत्मविश्वास विकसित करें, अपने जीवन का उद्देश्य खोजें, प्रभावी लक्ष्य निर्धारित करें और ऐसी आदतें विकसित करें जो आपको निरंतर सफलता की ओर ले जाएँ।

परिवर्तन किसी बड़े अवसर का इंतजार नहीं करता। वह एक छोटे से निर्णय से शुरू होता है—आज, अभी और यहीं।

यदि आप अपने जीवन में सकारात्मक बदलाव लाना चाहते हैं, अपनी क्षमताओं को पहचानना चाहते हैं और अपने लिए एक सार्थक भविष्य बनाना चाहते हैं, तो यह पुस्तक आपकी साथी बनने के लिए तैयार है।

याद रखिए—

"आपका भविष्य आज किए गए निर्णयों से बनता है, कल की परिस्थितियों से नहीं।"

आपकी परिवर्तन यात्रा में आपका स्वागत है।

प्रस्तावना

परिवर्तन की शुरुआत

मनुष्य का जीवन निरंतर परिवर्तन की एक यात्रा है। जन्म से लेकर जीवन के अंतिम क्षण तक हम बदलते रहते हैं—हमारी सोच बदलती है, हमारी परिस्थितियाँ बदलती हैं, हमारे संबंध बदलते हैं और हमारे सपने भी बदलते हैं। फिर भी एक प्रश्न हमेशा बना रहता है: क्या हम केवल परिस्थितियों के अनुसार बदलते हैं, या हम स्वयं अपने जीवन में सकारात्मक परिवर्तन लाने का निर्णय लेते हैं?

यह पुस्तक इसी प्रश्न का उत्तर खोजने का एक प्रयास है।

आज का समय अवसरों से भरा हुआ है। ज्ञान पहले से कहीं अधिक उपलब्ध है, तकनीक ने दुनिया को

हमारी उंगलियों तक पहुँचा दिया है, और सफलता के अनगिनत रास्ते हमारे सामने खुले हैं। फिर भी बहुत से लोग अपने भीतर असंतोष, भ्रम और दिशा की कमी महसूस करते हैं। वे जानते हैं कि वे अधिक कर सकते हैं, अधिक बन सकते हैं और अपने जीवन को बेहतर बना सकते हैं, लेकिन अक्सर उन्हें यह समझ नहीं आता कि शुरुआत कहाँ से करें।

सच्चाई यह है कि परिवर्तन बाहर से नहीं, भीतर से शुरू होता है। जब हमारी सोच बदलती है, तब हमारे निर्णय बदलते हैं। जब हमारे निर्णय बदलते हैं, तब हमारे कार्य बदलते हैं। और जब हमारे कार्य बदलते हैं, तब हमारा पूरा जीवन बदलने लगता है।

इस पुस्तक का उद्देश्य आपको प्रेरित करना भर नहीं है। इसका उद्देश्य आपको अपने जीवन का सक्रिय निर्माता बनने के लिए प्रोत्साहित करना है। प्रेरणा कुछ समय के लिए उत्साह दे सकती है, लेकिन स्थायी परिवर्तन जागरूकता, अनुशासन, उद्देश्य और निरंतर प्रयास से आता है।

पुस्तक की प्रेरणा

वर्षों से मैंने विभिन्न लोगों की यात्राओं को देखा है—विद्यार्थियों, शिक्षकों, पेशेवरों, सामाजिक कार्यकर्ताओं, उद्यमियों और उन साधारण लोगों की, जिन्होंने असाधारण उपलब्धियाँ हासिल कीं। मैंने पाया कि सफलता और असफलता के बीच का अंतर केवल प्रतिभा का नहीं होता। अक्सर अंतर सोच, दृष्टिकोण, आदतों और आत्म-विश्वास का होता है।

बहुत से लोग क्षमता की कमी के कारण नहीं रुकते, बल्कि इसलिए रुक जाते हैं क्योंकि वे स्वयं पर विश्वास नहीं कर पाते। कुछ लोग असफलता के डर से आगे नहीं बढ़ते, कुछ आलोचना के भय से अपने सपनों को दबा देते हैं, और कुछ लोग परिस्थितियों को दोष देते हुए अपने जीवन की जिम्मेदारी लेने से बचते रहते हैं।

मैंने यह भी देखा कि जो लोग अपने जीवन में वास्तविक परिवर्तन लाते हैं, उनमें एक समान विशेषता होती है—वे स्वयं को बदलने के लिए तैयार होते हैं। वे सीखते हैं, गिरते हैं, उठते हैं, फिर आगे बढ़ते हैं। वे बहाने नहीं ढूँढ़ते, बल्कि समाधान खोजते हैं।

यह पुस्तक उन सभी लोगों के लिए लिखी गई है जो अपने भीतर छिपी संभावनाओं को पहचानना चाहते हैं और अपने जीवन को एक नई दिशा देना चाहते हैं।

परिवर्तन का वास्तविक अर्थ

अक्सर लोग परिवर्तन को केवल बाहरी उपलब्धियों से जोड़कर देखते हैं—अच्छी नौकरी, अधिक आय, बेहतर पद या सामाजिक प्रतिष्ठा। निस्संदेह ये महत्वपूर्ण हो सकते हैं, लेकिन वास्तविक परिवर्तन इससे कहीं अधिक गहरा होता है।

वास्तविक परिवर्तन तब होता है जब—

- डर साहस में बदलता है।
- संदेह विश्वास में बदलता है।
- बहाने जिम्मेदारी में बदलते हैं।
- भ्रम उद्देश्य में बदलता है।
- सपने कार्ययोजना में बदलते हैं।

परिवर्तन का अर्थ किसी और जैसा बनना नहीं है। इसका अर्थ अपने सर्वोत्तम स्वरूप तक पहुँचना है। यह अपने भीतर मौजूद शक्ति, प्रतिभा और मूल्यों को पहचानने की प्रक्रिया है।

याद रखिए, परिवर्तन कोई एक घटना नहीं है। यह छोटे-छोटे निर्णयों, दैनिक आदतों और निरंतर प्रयासों का परिणाम है। हर दिन किया गया एक छोटा सकारात्मक कदम भी समय के साथ असाधारण परिणाम पैदा कर सकता है।

पाठकों के लिए संदेश

यदि आप यह पुस्तक पढ़ रहे हैं, तो संभवतः आपके भीतर भी कुछ बेहतर करने, कुछ नया सीखने या अपने जीवन में सकारात्मक बदलाव लाने की इच्छा है। यही इच्छा आपकी सबसे बड़ी ताकत है।

आपको इस यात्रा के लिए परिपूर्ण होने की आवश्यकता नहीं है। आपको केवल शुरुआत करने की आवश्यकता है।

संभव है कि आपने पहले भी कई बार प्रयास किया हो और बीच में रुक गए हों। संभव है कि आपको असफलताओं का सामना करना पड़ा हो। संभव है कि परिस्थितियाँ हमेशा आपके पक्ष में न रही हों। लेकिन आपकी पिछली असफलताएँ आपके भविष्य का निर्णय नहीं करतीं।

आपकी वर्तमान स्थिति चाहे जैसी भी हो, आपके पास आज एक नया निर्णय लेने की शक्ति है।

यह पुस्तक आपको कोई जादुई सूत्र नहीं देगी। इसके बजाय यह आपको ऐसे सिद्धांत, विचार, अभ्यास और दृष्टिकोण प्रदान करेगी जो आपको स्वयं अपना मार्ग बनाने में सहायता करेंगे।

मैं आपको आमंत्रित करता हूँ कि इस पुस्तक को केवल पढ़ें नहीं, बल्कि इसके साथ संवाद करें। प्रश्न पूछें, चिंतन करें, नोट्स बनाएं और अभ्यासों को ईमानदारी से पूरा करें। यह कोई ऐसी पुस्तक नहीं है जिसे जल्दबाजी में समाप्त कर दिया जाए। प्रत्येक अध्याय पर समय दें और उसके संदेश को समझने का प्रयास करें। जहाँ भी प्रश्न और अभ्यास दिए गए हैं, उन्हें गंभीरता से पूरा करें। वास्तविक परिवर्तन आत्मचिंतन से शुरू होता है। पढ़ते समय अपने विचार, सीख और कार्ययोजनाएँ लिखें, लिखना -सीखने और परिवर्तन दोनों को गहरा बनाता है। परिवर्तन एक प्रक्रिया है, कोई तात्कालिक परिणाम नहीं। स्वयं को समय दें और अपनी प्रगति का सम्मान करें।

.... **यतेन्द्र सिंह**

आपकी यात्रा अब शुरू होती है

इस पुस्तक के अगले अध्यायों में हम स्वयं को पहचानने, अपनी सोच बदलने, डर और असफलताओं पर विजय पाने, उद्देश्य खोजने, लक्ष्य निर्धारित करने, प्रभावी आदतें विकसित करने और आत्म-नेतृत्व की ओर बढ़ने की यात्रा करेंगे।

यह यात्रा आसान नहीं हो सकती, लेकिन यह सार्थक अवश्य होगी।

याद रखिए—

"आपके जीवन में सबसे महत्वपूर्ण परिवर्तन तब शुरू होता है जब आप यह स्वीकार करते हैं कि आपके जीवन की जिम्मेदारी आपके अपने हाथों में है।"

आज का यह क्षण आपकी नई शुरुआत हो सकता है।

आइए, परिवर्तन की इस यात्रा पर पहला कदम साथ मिलकर बढ़ाएँ।

विषय सूची

अध्याय- **पृष्ठ सं0**

आत्ममूल्यांकन प्रश्नावली

(Self-Assessment Questionnaire)

:- इसका प्रयोग पुस्तक को पढ़ने से पूर्व व पश्चात (Pre test/Post test)अवश्य करें .1

अध्याय 1 : जागरण

सोई हुई शक्ति का एहसास

हर व्यक्ति के भीतर अपार संभावनाओं का एक विशाल संसार छिपा होता है। दुर्भाग्य से अधिकांश लोग अपने जीवन का एक बड़ा हिस्सा इस शक्ति को पहचाने बिना ही व्यतीत कर देते हैं। वे अपनी क्षमताओं को परिस्थितियों, संसाधनों की कमी या दूसरों की राय के आधार पर सीमित कर लेते हैं।

कल्पना कीजिए कि आपके पास एक अत्यंत शक्तिशाली मशीन है, लेकिन आपको उसके उपयोग का ज्ञान नहीं है। वह मशीन आपके लिए उतनी ही उपयोगी होगी जितनी कोई साधारण वस्तु। ठीक यही स्थिति हमारी आंतरिक क्षमताओं के साथ होती है। जब तक हम उन्हें पहचानते नहीं, तब तक उनका लाभ भी नहीं उठा पाते।

बहुत से लोग अपने जीवन में इसलिए पीछे रह जाते हैं क्योंकि उन्होंने यह मान लिया होता है कि वे उतना ही कर सकते हैं जितना अभी कर रहे हैं। लेकिन इतिहास और वर्तमान दोनों ऐसे उदाहरणों से भरे पड़े हैं जहाँ साधारण परिस्थितियों से आए लोगों ने असाधारण उपलब्धियाँ हासिल कीं। उनके पास कोई जादुई शक्ति नहीं थी; अंतर केवल इतना था कि उन्होंने अपनी क्षमता को पहचाना और उसे विकसित करने का निर्णय लिया।

जागरण का पहला कदम यह स्वीकार करना है कि आप वर्तमान में जितना सोचते हैं, उससे कहीं अधिक सक्षम हैं।

आत्म-जागरूकता का महत्व

आत्म-जागरूकता का अर्थ है स्वयं को समझना—अपनी शक्तियों, कमजोरियों, भावनाओं, आदतों, मूल्यों और उद्देश्यों को पहचानना।

जो व्यक्ति स्वयं को नहीं समझता, वह अक्सर दूसरों की अपेक्षाओं के अनुसार जीवन जीने लगता है। वह निर्णय भी दूसरों की राय के आधार पर लेने लगता है।

परिणामस्वरूप उसे जीवन में संतुष्टि नहीं मिलती, चाहे बाहरी सफलता कितनी भी क्यों न प्राप्त हो जाए।

आत्म-जागरूक व्यक्ति जानता है—

- उसे क्या पसंद है और क्या नहीं।
- उसकी प्रमुख शक्तियाँ क्या हैं।
- किन क्षेत्रों में उसे सुधार की आवश्यकता है।
- वह किस प्रकार का जीवन जीना चाहता है।

आत्म-जागरूकता आत्म-विकास की नींव है। जिस प्रकार बिना नक्शे के यात्रा कठिन हो जाती है, उसी प्रकार स्वयं को जाने बिना जीवन की दिशा तय करना भी कठिन हो जाता है।

जिम्मेदारी स्वीकार करना

परिवर्तन का सबसे महत्वपूर्ण क्षण वह होता है जब व्यक्ति अपने जीवन की जिम्मेदारी स्वीकार करता है। बहुत से लोग अपनी असफलताओं के लिए परिस्थितियों, परिवार, शिक्षा, आर्थिक स्थिति या भाग्य को दोष देते रहते हैं। निस्संदेह बाहरी परिस्थितियाँ हमारे जीवन को प्रभावित करती हैं, लेकिन वे हमारे भविष्य का अंतिम निर्णय नहीं करतीं।

जब हम दूसरों को दोष देते हैं, तब हम अपनी शक्ति भी उन्हें सौंप देते हैं। लेकिन जब हम जिम्मेदारी स्वीकार करते हैं, तब हम परिवर्तन की शक्ति वापस अपने हाथों में ले लेते हैं।

जिम्मेदारी स्वीकार करने का अर्थ यह नहीं है कि हम स्वयं को दोष दें। इसका अर्थ है यह स्वीकार करना कि आज से आगे की दिशा तय करने की जिम्मेदारी हमारी है।

एक व्यक्ति कह सकता है—
"मेरी परिस्थितियाँ कठिन थीं, इसलिए मैं कुछ नहीं कर पाया।"

दूसरा व्यक्ति कह सकता है—
"मेरी परिस्थितियाँ कठिन थीं, लेकिन मैंने आगे बढ़ने का निर्णय लिया।"

दोनों की परिस्थितियाँ समान हो सकती हैं, लेकिन उनका दृष्टिकोण अलग होता है। यही अंतर उनके परिणामों को भी अलग बना देता है।

प्रेरक कहानी : जागरण का क्षण

एक गाँव में रहने वाला युवक वर्षों तक यह मानता रहा कि वह सामान्य है और जीवन में कुछ बड़ा नहीं कर सकता। उसने कभी अपने सपनों को गंभीरता से नहीं लिया। वह दूसरों की सफलता देखकर प्रभावित तो होता था, लेकिन स्वयं को उन लोगों से अलग समझता था।

एक दिन उसके शिक्षक ने उससे पूछा—

"यदि तुम्हें यह निश्चित रूप से पता हो कि तुम असफल नहीं होगे, तो तुम क्या करोगे ?"

यह प्रश्न उसके मन में गहराई तक उतर गया।

उसने पहली बार अपने बारे में गंभीरता से सोचना शुरू किया। उसने अपने डर, बहाने और सीमित मान्यताओं को पहचानना शुरू किया। धीरे-धीरे उसने छोटे-छोटे लक्ष्य निर्धारित किए और उन्हें पूरा करना शुरू किया।

कुछ वर्षों बाद वही युवक अपने क्षेत्र में एक सफल और सम्मानित व्यक्ति बन गया।

उसकी सफलता का कारण कोई विशेष प्रतिभा नहीं थी। उसका वास्तविक परिवर्तन उस दिन शुरू हुआ था जब उसने स्वयं को एक नई दृष्टि से देखना शुरू किया।

जागरण हमेशा किसी बड़े चमत्कार से नहीं आता। कई बार एक विचार, एक प्रश्न या एक निर्णय ही जीवन बदलने के लिए पर्याप्त होता है।

आत्मचिंतन अभ्यास

निम्न प्रश्नों के उत्तर अपनी डायरी में लिखें—

अभ्यास 1 : स्वयं को जानें

1. मेरी तीन सबसे बड़ी शक्तियाँ क्या हैं ?
2. मेरी तीन प्रमुख कमजोरियाँ क्या हैं ?
3. मुझे किस कार्य में सबसे अधिक आनंद आता है ?
4. मैं किन कारणों से अपने सपनों को टालता हूँ ?

अभ्यास 2 : सीमित मान्यताओं की पहचान

निम्न वाक्य पूरा करें—

- मैं यह नहीं कर सकता क्योंकि _______।
- मैं आगे नहीं बढ़ पा रहा हूँ क्योंकि _______।
- यदि मुझे डर न होता तो मैं _______ करता।

अब स्वयं से पूछें—क्या ये वास्तव में तथ्य हैं या केवल मेरी मान्यताएँ ?

अभ्यास 3 : जिम्मेदारी का संकल्प

निम्न वाक्य लिखें और हस्ताक्षर करें—

"मैं आज से अपने जीवन, अपने निर्णयों और अपने भविष्य की जिम्मेदारी स्वीकार करता हूँ। मैं परिस्थितियों को दोष देने के बजाय समाधान खोजने का प्रयास करूँगा।"

अध्याय सारांश

- हर व्यक्ति के भीतर अपार संभावनाएँ होती हैं।
- आत्म-जागरूकता परिवर्तन की पहली सीढ़ी है।
- जिम्मेदारी स्वीकार करना आत्म-नेतृत्व की शुरुआत है।
- वास्तविक परिवर्तन भीतर से शुरू होता है।
- जागरण का क्षण जीवन की दिशा बदल सकता है।

आज का कार्य

आज कम से कम 20 मिनट अकेले बैठकर अपने जीवन की वर्तमान स्थिति पर चिंतन करें और एक ऐसा क्षेत्र पहचानें जिसमें आप सकारात्मक परिवर्तन लाना चाहते हैं।

अध्याय 2 : सोच बदलो, जीवन बदलो

भूमिका

किसी भी परिवर्तन की शुरुआत हमारे विचारों से होती है। हम जैसा सोचते हैं, वैसा महसूस करते हैं; जैसा महसूस करते हैं, वैसा व्यवहार करते हैं; और जैसा व्यवहार करते हैं, वैसा ही हमारा जीवन बनता है।

यदि कोई व्यक्ति लगातार यह सोचता है कि वह असफल है, तो धीरे-धीरे उसका आत्मविश्वास कम होने लगता है। वह नए अवसरों से बचने लगता है और चुनौतियों का सामना करने से डरने लगता है। दूसरी ओर, जो व्यक्ति यह विश्वास करता है कि वह सीख सकता है, सुधार कर सकता है और आगे बढ़ सकता है, वह कठिन परिस्थितियों में भी प्रयास करना नहीं छोड़ता।

इसलिए यदि आप अपना जीवन बदलना चाहते हैं, तो सबसे पहले अपनी सोच को बदलना होगा।

विचारों की शक्ति

विचार अदृश्य होते हैं, लेकिन उनका प्रभाव अत्यंत शक्तिशाली होता है। हमारे अधिकांश निर्णय, आदतें और परिणाम हमारे विचारों से ही प्रभावित होते हैं।

कल्पना कीजिए कि दो व्यक्ति एक ही परिस्थिति का सामना कर रहे हैं। दोनों को एक महत्वपूर्ण अवसर नहीं मिला।

पहला व्यक्ति सोचता है—

"मैं कभी सफल नहीं हो सकता। मेरे लिए अवसर नहीं हैं।"

दूसरा व्यक्ति सोचता है—

"इस बार सफलता नहीं मिली, लेकिन मैं अपनी तैयारी बेहतर कर सकता हूँ।"

समय के साथ दोनों के परिणाम अलग हो जाते हैं। कारण परिस्थिति नहीं, बल्कि सोच होती है।

विचार बीज की तरह होते हैं। यदि आप सकारात्मक, रचनात्मक और विकासशील विचारों को पोषित करेंगे, तो आपके जीवन में आत्मविश्वास, साहस और सफलता के फल उत्पन्न होंगे। यदि आप नकारात्मक विचारों को लगातार बढ़ावा देंगे, तो डर, संदेह और निराशा बढ़ेगी।

सकारात्मक और नकारात्मक सोच

सकारात्मक सोच का अर्थ यह नहीं है कि हम समस्याओं को नज़रअंदाज़ कर दें। इसका अर्थ है समस्याओं को स्वीकार करते हुए समाधान पर ध्यान केंद्रित करना।

नकारात्मक सोच की विशेषताएँ

- हर परिस्थिति में समस्या देखना
- असफलता से डरना
- स्वयं की लगातार आलोचना करना
- दूसरों से तुलना करना
- अवसरों के बजाय बाधाओं पर ध्यान देना

सकारात्मक सोच की विशेषताएँ

- चुनौतियों को सीखने का अवसर मानना
- समाधान खोजने की आदत
- स्वयं पर विश्वास रखना
- गलतियों से सीखना
- भविष्य के प्रति आशावादी रहना

ध्यान रखें कि सकारात्मक सोच कोई जन्मजात गुण नहीं है। यह एक अभ्यास है जिसे निरंतर विकसित किया जा सकता है।

सीमित मान्यताएँ क्या हैं ?

सीमित मान्यताएँ वे विश्वास हैं जो हमें अपनी वास्तविक क्षमता तक पहुँचने से रोकते हैं।

कुछ सामान्य सीमित मान्यताएँ हैं—

- मैं पर्याप्त योग्य नहीं हूँ।
- मेरी उम्र निकल गई है।
- मेरे पास संसाधन नहीं हैं।
- मैं दूसरों जितना बुद्धिमान नहीं हूँ।
- सफलता केवल भाग्यशाली लोगों को मिलती है।

इन मान्यताओं की सबसे बड़ी समस्या यह है कि हम उन्हें सत्य मान लेते हैं। धीरे-धीरे वे हमारे निर्णयों और व्यवहार का हिस्सा बन जाती हैं।

वास्तव में, इनमें से अधिकांश मान्यताएँ तथ्यों पर नहीं बल्कि पुराने अनुभवों, डर और दूसरों की राय पर आधारित होती हैं।

सीमित मान्यताओं को तोड़ना

किसी भी सीमित मान्यता को तोड़ने के लिए तीन चरण अपनाएँ—

1. पहचानें

सबसे पहले यह पहचानें कि कौन-सा विश्वास आपको रोक रहा है।

उदाहरण:

"मैं सार्वजनिक रूप से बोल नहीं सकता।"(fear of Public speaking)

2. चुनौती दें

अपने आप से पूछें—

- क्या यह हमेशा सत्य है ?
- इसका प्रमाण क्या है ?
- क्या मैंने कभी अच्छा प्रदर्शन नहीं किया ?

3. नई मान्यता बनाएं

पुरानी मान्यता को एक नई और सशक्त मान्यता से बदलें।

उदाहरण:

"मैं अभ्यास के माध्यम से सार्वजनिक बोलने में बेहतर हो सकता हूँ।"

यही मानसिक परिवर्तन भविष्य में बड़े परिणाम उत्पन्न करता है।

विकासशील मानसिकता (Growth Mindset)

प्रसिद्ध मनोवैज्ञानिकों के अनुसार, लोगों की मानसिकता मुख्य रूप से दो प्रकार की होती है—

स्थिर मानसिकता (Fixed Mindset)

ऐसे लोग मानते हैं कि उनकी बुद्धिमत्ता, प्रतिभा और क्षमताएँ निश्चित हैं।

वे सोचते हैं—

- मैं ऐसा ही हूँ।
- मैं यह नहीं सीख सकता।
- असफलता मेरी कमजोरी साबित करती है।

विकासशील मानसिकता (Growth Mindset)

ऐसे लोग मानते हैं कि प्रयास, सीखने और अभ्यास के माध्यम से क्षमताओं को विकसित किया जा सकता है।

वे सोचते हैं—

- मैं सीख सकता हूँ।
- मैं सुधार कर सकता हूँ।
- असफलता सीखने का अवसर है।

विकासशील मानसिकता वाले लोग चुनौतियों को स्वीकार करते हैं और लगातार आगे बढ़ते रहते हैं।

मानसिकता परिवर्तन के वास्तविक उदाहरण

इतिहास में अनेक लोगों ने सीमित संसाधनों के बावजूद महान उपलब्धियाँ हासिल कीं।

कई सफल उद्यमी, वैज्ञानिक, खिलाड़ी और सामाजिक नेता ऐसे परिवारों से आए जहाँ संसाधनों की कमी थी। लेकिन उन्होंने अपनी परिस्थितियों को अपनी पहचान नहीं बनने दिया।

उनकी सफलता का रहस्य केवल प्रतिभा नहीं था; वह उनकी सोच थी।

उन्होंने समस्याओं के बजाय संभावनाओं को देखा।

उन्होंने बहानों के बजाय समाधान चुना।

उन्होंने हार मानने के बजाय सीखना चुना।

अपने विचारों की निगरानी कैसे करें ?

दिनभर में आपके मन में हजारों विचार आते हैं। उनमें से कई स्वतः उत्पन्न होते हैं।

निम्न अभ्यास आपकी सहायता कर सकता है—

विचार डायरी

एक सप्ताह तक निम्न तालिका बनाएँ:

परिस्थिति	मेरा विचार	भावना	नया सकारात्मक विचार
प्रस्तुति देनी थी	मैं गलती कर दूँगा	डर	मैं तैयारी कर सकता हूँ

कुछ ही दिनों में आपको अपनी सोच के पैटर्न दिखाई देने लगेंगे।

सकारात्मक सोच विकसित करने की आदतें

1. अच्छी पुस्तकों का अध्ययन

ज्ञान हमारे विचारों को नया दृष्टिकोण देता है।

2. सकारात्मक लोगों का साथ

आपका वातावरण आपकी मानसिकता को प्रभावित करता है।

3. कृतज्ञता का अभ्यास

प्रतिदिन तीन ऐसी चीजें लिखें जिनके लिए आप आभारी हैं।

4. आत्मसंवाद सुधारें

अपने आप से सम्मानपूर्वक बात करें।

"मैं असफल हूँ" की जगह

"मैं अभी सीख रहा हूँ" कहें।

5. समाधान पर ध्यान दें

हर समस्या के साथ कम से कम तीन संभावित समाधान लिखने की आदत विकसित करें।

आत्मचिंतन अभ्यास

अभ्यास 1

अपने बारे में पाँच नकारात्मक मान्यताएँ लिखें।

अब प्रत्येक के सामने एक नई सकारात्मक और यथार्थवादी मान्यता लिखें।

अभ्यास 2

पिछले एक महीने में हुई किसी असफलता को याद करें।

निम्न प्रश्नों के उत्तर लिखें—

- मैंने क्या सीखा ?
- मैं क्या बेहतर कर सकता था ?
- अगली बार मैं क्या अलग करूँगा ?

अभ्यास 3

अगले सात दिनों तक प्रतिदिन सुबह यह वाक्य पढ़ें—

"मैं सीखने, बढ़ने और स्वयं का बेहतर संस्करण बनने में सक्षम हूँ।"

अध्याय सारांश

- जीवन की दिशा हमारी सोच से निर्धारित होती है।
- सकारात्मक सोच समस्याओं को नहीं छिपाती, बल्कि समाधान खोजती है।
- सीमित मान्यताएँ हमारी प्रगति रोकती हैं।
- विकासशील मानसिकता सफलता की आधारशिला है।
- विचारों को बदलकर व्यवहार और परिणाम दोनों बदले जा सकते हैं।

आज का कार्य

आज अपने मन में आने वाले पाँच नकारात्मक विचार लिखें और उनके स्थान पर पाँच नए सकारात्मक तथा सशक्त विचार तैयार करें।

याद रखिए—

"आपका जीवन हमेशा आपके सबसे मजबूत विचारों की दिशा में आगे बढ़ता है। इसलिए अपने विचारों को अपनी सबसे बड़ी शक्ति बनाइए, कमजोरी नहीं।"

अध्याय 3 : आत्मविश्वास की नींव

भूमिका

किसी भी व्यक्ति की सफलता के पीछे केवल उसकी प्रतिभा, शिक्षा या संसाधन ही नहीं होते, बल्कि उसका आत्मविश्वास भी एक महत्वपूर्ण भूमिका निभाता है। आत्मविश्वास वह शक्ति है जो व्यक्ति को चुनौतियों का सामना करने, नए अवसरों को स्वीकार करने और कठिन परिस्थितियों में भी आगे बढ़ने का साहस देती है।

अक्सर लोग यह मान लेते हैं कि आत्मविश्वास केवल कुछ विशेष लोगों के पास होता है। वे सोचते हैं कि सफल लोग जन्म से ही आत्मविश्वासी होते हैं। लेकिन वास्तविकता इससे भिन्न है। आत्मविश्वास कोई जन्मजात गुण नहीं है; यह अनुभव, अभ्यास और आत्म-विश्वास के माध्यम से विकसित किया जाने वाला कौशल है।

हर सफल व्यक्ति ने कभी न कभी डर, असफलता और आत्म-संदेह का सामना किया है। अंतर केवल इतना है कि उन्होंने इन चुनौतियों के बावजूद आगे बढ़ना जारी रखा।

आत्मविश्वास क्या है?

आत्मविश्वास का अर्थ है स्वयं की क्षमताओं, निर्णयों और संभावनाओं पर विश्वास रखना।

आत्मविश्वास यह नहीं कहता कि—

"मैं कभी गलती नहीं करूँगा।"

बल्कि यह कहता है—

"यदि गलती हुई तो मैं उससे सीखकर आगे बढ़ूँगा।"

आत्मविश्वास का संबंध पूर्णता से नहीं बल्कि प्रगति से है।

एक आत्मविश्वासी व्यक्ति:

- अपनी क्षमताओं को पहचानता है।
- चुनौतियों से भागता नहीं है।
- गलतियों को सीखने का अवसर मानता है।
- आलोचना से टूटता नहीं बल्कि उससे सीखता है।
- स्वयं की तुलना केवल अपने पिछले स्वरूप से करता है।

आत्म-संदेह का प्रभाव

आत्म-संदेह वह आंतरिक आवाज़ है जो बार-बार कहती है—

- "तुम यह नहीं कर सकते।"
- "लोग क्या सोचेंगे?"
- "तुम पर्याप्त अच्छे नहीं हो।"
- "कहीं असफल हो गए तो?"

यदि इस आवाज़ को लगातार महत्व दिया जाए, तो यह व्यक्ति की क्षमता को सीमित कर देती है।

आत्म-संदेह के कारण—

- अवसर हाथ से निकल जाते हैं।
- निर्णय लेने में कठिनाई होती है।
- व्यक्ति जोखिम लेने से बचता है।
- रचनात्मकता कम हो जाती है।
- आत्म-सम्मान प्रभावित होता है।

ध्यान रखें कि आत्म-संदेह का अनुभव होना सामान्य है। समस्या तब उत्पन्न होती है जब हम उसे अपनी पहचान बना लेते हैं।

आत्मविश्वास और अहंकार में अंतर

बहुत से लोग आत्मविश्वास और अहंकार को एक ही समझ लेते हैं, जबकि दोनों में बड़ा अंतर है।

आत्मविश्वास

- स्वयं पर विश्वास
- सीखने की इच्छा
- दूसरों का सम्मान
- अपनी सीमाओं को स्वीकार करना

अहंकार

- स्वयं को श्रेष्ठ मानना
- दूसरों को कम आंकना
- आलोचना स्वीकार न करना
- सीखने से बचना

आत्मविश्वास व्यक्ति को मजबूत बनाता है, जबकि अहंकार उसे वास्तविक विकास से दूर कर देता है।

आत्मविश्वास कहाँ से आता है ?

आत्मविश्वास अचानक नहीं आता। यह छोटे-छोटे अनुभवों और उपलब्धियों से निर्मित होता है।

जब आप—

- कोई नया कौशल सीखते हैं,
- किसी चुनौती को पूरा करते हैं,
- अपने वादे निभाते हैं,
- अपने डर का सामना करते हैं,

तो आपका आत्मविश्वास धीरे-धीरे मजबूत होता है।

इसलिए आत्मविश्वास का सबसे अच्छा तरीका है—कार्य करना।

आत्मविश्वास बढ़ाने की प्रभावी तकनीकें

1. छोटी जीतों पर ध्यान दें

कई लोग केवल बड़ी उपलब्धियों को महत्व देते हैं। लेकिन आत्मविश्वास छोटी-छोटी सफलताओं से बनता है।

उदाहरण:

- समय पर उठना
- एक पुस्तक का अध्याय पूरा करना
- नियमित व्यायाम करना
- एक नया कौशल सीखना

हर छोटी सफलता आपके मन को यह संदेश देती है कि —

"मैं कर सकता हूँ।"

---

2. तैयारी को प्राथमिकता दें

आत्मविश्वास का एक बड़ा स्रोत तैयारी है।

यदि आपको किसी प्रस्तुति, परीक्षा या बैठक में भाग लेना है, तो जितनी बेहतर तैयारी होगी, उतना अधिक आत्मविश्वास महसूस होगा।

अक्सर लोग आत्मविश्वास की कमी नहीं बल्कि तैयारी की कमी का सामना कर रहे होते हैं।

---

3. अपने आत्मसंवाद को बदलें

हम दिनभर स्वयं से बात करते रहते हैं।

यदि आपका आंतरिक संवाद नकारात्मक है, तो आत्मविश्वास कमजोर होगा।

निम्न वाक्यों को बदलने का प्रयास करें—

❌ "मैं यह नहीं कर सकता।"

✅ "मैं प्रयास करके सीख सकता हूँ।"

❌ "मैं हमेशा असफल रहता हूँ।"

✅ "मैं हर अनुभव से सीख रहा हूँ।"

---

4. तुलना की आदत छोड़ें

सोशल मीडिया और आधुनिक जीवन ने तुलना की प्रवृत्ति को बढ़ा दिया है।

जब आप लगातार दूसरों की उपलब्धियों को देखते हैं, तो आपको लग सकता है कि आप पीछे हैं।

लेकिन याद रखें—

आप किसी और की यात्रा नहीं जी रहे हैं।

आपकी परिस्थितियाँ, अनुभव और लक्ष्य अलग हैं।

अपनी तुलना केवल कल के स्वयं से करें।

---

5. अपने शरीर की भाषा सुधारें ***(body language)***

शरीर और मन एक-दूसरे को प्रभावित करते हैं।

- सीधे खड़े हों।
- आँखों में देखकर बात करें।
- स्पष्ट आवाज़ में बोलें।
- मुस्कुराने की आदत विकसित करें।

ये छोटे परिवर्तन भी आत्मविश्वास को बढ़ाने में मदद करते हैं।

डर के बावजूद आगे बढ़ना

बहुत से लोग सोचते हैं कि आत्मविश्वासी व्यक्ति को डर नहीं लगता।

सच्चाई यह है कि हर व्यक्ति को डर लगता है।

अंतर केवल इतना है कि आत्मविश्वासी व्यक्ति डर के बावजूद कार्य करता है।

साहस का अर्थ डर का अभाव नहीं है; साहस का अर्थ है डर के बावजूद आगे बढ़ना।

आत्मविश्वास विकसित करने की 30-दिन योजना

सप्ताह 1

- प्रतिदिन अपनी तीन शक्तियाँ लिखें।
- नकारात्मक आत्मसंवाद पर ध्यान दें।

सप्ताह 2

- प्रतिदिन एक छोटा चुनौतीपूर्ण कार्य करें।
- किसी नई चीज़ को सीखना शुरू करें।

सप्ताह 3

- सार्वजनिक रूप से अपने विचार व्यक्त करें।
- अपनी एक पुरानी उपलब्धि की सूची बनाएं।

सप्ताह 4

- अपने सबसे बड़े डर की पहचान करें।
- उससे संबंधित एक छोटा कदम उठाएँ।

30 दिनों के अंत तक आप स्वयं में स्पष्ट परिवर्तन महसूस करेंगे।

प्रेरक कहानी : एक कदम का साहस

एक युवा कर्मचारी को हमेशा बैठकों में बोलने से डर लगता था। उसके पास अच्छे विचार होते थे, लेकिन वह सोचता था कि लोग उसका मज़ाक उड़ाएँगे।

एक दिन उसने निर्णय लिया कि वह केवल एक सुझाव देगा।

उसका सुझाव स्वीकार कर लिया गया।

अगली बैठक में उसने दो सुझाव दिए।

धीरे-धीरे उसका आत्मविश्वास बढ़ता गया और कुछ वर्षों बाद वही व्यक्ति टीम का नेतृत्व करने लगा।

उसकी सफलता का रहस्य प्रतिभा नहीं बल्कि पहला साहसी कदम था।

अभ्यास 1 : मेरी शक्तियाँ

अपनी 10 प्रमुख शक्तियों की सूची बनाइए।

यदि कठिन लगे तो अपने मित्रों या परिवार से पूछिए कि वे आपकी कौन-सी विशेषताएँ पसंद करते हैं।

अभ्यास 2 : आत्म-संदेह को चुनौती दें

अपना सबसे बड़ा डर लिखिए।

अब उसके सामने लिखिए—

- सबसे बुरा क्या हो सकता है ?
- मैं उससे कैसे निपट सकता हूँ ?
- सफलता की संभावना क्या है ?

अभ्यास 3 : आत्मविश्वास जर्नल

अगले 15 दिनों तक प्रतिदिन लिखिए—

- आज मैंने क्या अच्छा किया ?
- मैंने क्या नया सीखा ?
- मैं किस बात पर गर्व महसूस करता हूँ ?

अध्याय सारांश

- आत्मविश्वास स्वयं पर विश्वास करने की क्षमता है।

- आत्म-संदेह सामान्य है, लेकिन उसे अपनी पहचान नहीं बनने देना चाहिए।
- आत्मविश्वास कार्य और अनुभव से विकसित होता है।
- तैयारी, सकारात्मक आत्मसंवाद और छोटी सफलताएँ आत्मविश्वास बढ़ाती हैं।
- साहस का अर्थ डर के बावजूद आगे बढ़ना है।

आज का कार्य

आज ऐसा एक कार्य चुनिए जिसे आप लंबे समय से डर या संकोच के कारण टाल रहे हैं। उस दिशा में कम से कम एक छोटा कदम उठाइए।

याद रखिए—

"आत्मविश्वास तब नहीं आता जब आपके पास सभी उत्तर हों; आत्मविश्वास तब आता है जब आप अनिश्चितताओं के बावजूद आगे बढ़ने का निर्णय लेते हैं।"

अध्याय 4 : डर की जंजीरों को तोड़ना जरूरी

भूमिका

डर मनुष्य की सबसे प्राचीन और शक्तिशाली भावनाओं में से एक है। यह हमें खतरों से बचाने का कार्य करता है, लेकिन जब यही डर हमारी सोच, निर्णयों और सपनों पर हावी हो जाता है, तब यह हमारी प्रगति का सबसे बड़ा शत्रु बन जाता है।

दुनिया में शायद ही कोई ऐसा व्यक्ति होगा जिसने कभी डर का अनुभव न किया हो। सफल व्यक्ति भी डरते हैं, नेता भी डरते हैं, कलाकार भी डरते हैं और उद्यमी भी डरते हैं। अंतर केवल इतना है कि कुछ लोग अपने डर के सामने रुक जाते हैं, जबकि कुछ लोग उसी डर के बावजूद आगे बढ़ने का साहस दिखाते हैं।

बहुत बार हम असफल नहीं होते क्योंकि हमारे पास क्षमता नहीं होती, बल्कि इसलिए क्योंकि हम प्रयास करने से पहले ही डर जाते हैं।

यह अध्याय आपको यह समझने में मदद करेगा कि डर क्या है, यह कैसे काम करता है और आप इसे अपनी कमजोरी के बजाय अपनी शक्ति में कैसे बदल सकते हैं।

डर क्या है?

डर एक स्वाभाविक भावनात्मक प्रतिक्रिया है। जब हमारा मन किसी परिस्थिति को जोखिमपूर्ण या अनिश्चित मानता है, तो डर उत्पन्न होता है।

कुछ डर वास्तविक होते हैं, जैसे किसी दुर्घटना या खतरे से बचने का डर। लेकिन जीवन में अधिकांश डर काल्पनिक होते हैं। वे भविष्य की उन घटनाओं पर आधारित होते हैं जो अभी हुई ही नहीं हैं।

हम अक्सर डरते हैं—

- यदि मैं असफल हो गया तो ?
- यदि लोग मेरा मजाक उड़ाएँगे तो ?
- यदि मैं गलत निर्णय ले बैठा तो ?
- यदि मेरी योजना सफल नहीं हुई तो ?

इनमें से अधिकांश प्रश्न भविष्य की कल्पनाएँ हैं, वास्तविकताएँ नहीं।

डर की अदृश्य कीमत

डर हमें केवल रोकता ही नहीं, बल्कि धीरे-धीरे हमारी क्षमता को भी सीमित कर देता है।

डर के कारण—

- हम अवसर खो देते हैं।
- हम अपनी प्रतिभा का उपयोग नहीं कर पाते।
- हम नए अनुभवों से बचते हैं।
- हम अपनी वास्तविक क्षमता तक नहीं पहुँच पाते।

सबसे दुखद बात यह है कि वर्षों बाद लोग अपनी असफलताओं से अधिक उन अवसरों का पछतावा करते हैं जिन्हें उन्होंने डर के कारण अपनाया ही नहीं।

असफलता का डर

यह सबसे सामान्य और सबसे प्रभावशाली डर है।

बहुत से लोग कोई नया कार्य शुरू ही नहीं करते क्योंकि उन्हें डर होता है कि वे सफल नहीं होंगे।

वे सोचते हैं—

- अगर मैं हार गया तो ?
- अगर लोग मुझे असफल समझेंगे तो ?
- अगर मेरी मेहनत बेकार चली गई तो ?

लेकिन एक महत्वपूर्ण सत्य यह है—

असफलता सफलता का विपरीत नहीं है; यह सफलता की प्रक्रिया का हिस्सा है।

हर सफल व्यक्ति ने असफलता का सामना किया है।

अंतर यह नहीं है कि वे कभी असफल नहीं हुए, बल्कि यह है कि उन्होंने असफलता के बाद प्रयास करना नहीं छोड़ा।

आलोचना का डर

बहुत से लोगों के सपने दूसरों की राय के डर में दम तोड़ देते हैं।

वे सोचते हैं—

- लोग क्या कहेंगे ?
- यदि मैं गलत साबित हो गया तो ?
- यदि कोई मेरी आलोचना करेगा तो ?

याद रखिए—

यदि आप कुछ नहीं करेंगे, तब भी लोग कुछ न कुछ कहेंगे।

यदि आप कुछ नया करेंगे, तब भी लोग कुछ कहेंगे।

इसलिए अपना जीवन दूसरों की राय के अनुसार नहीं, बल्कि अपने मूल्यों और उद्देश्य के अनुसार जीना सीखिए।

रचनात्मक आलोचना को स्वीकार कीजिए, लेकिन हर नकारात्मक टिप्पणी को सत्य मत मानिए।

भविष्य का डर

भविष्य हमेशा अनिश्चित होता है।

कोई भी व्यक्ति यह नहीं जानता कि कल क्या होगा।

फिर भी बहुत से लोग अपना वर्तमान इसलिए खराब कर लेते हैं क्योंकि वे लगातार भविष्य की चिंताओं में उलझे रहते हैं।

वे सोचते रहते हैं—

- क्या होगा ?
- कैसे होगा ?
- यदि सब गलत हो गया तो ?

परंतु वास्तविकता यह है कि भविष्य की अधिकांश चिंताएँ कभी वास्तविकता नहीं बनतीं।

चिंता हमें समस्या का समाधान नहीं देती; वह केवल हमारी ऊर्जा को कम करती है।

डर का मनोविज्ञान

जब हम किसी चुनौती का सामना करते हैं, तो हमारा मस्तिष्क हमें सुरक्षित रखने की कोशिश करता है।

इस कारण वह हमें जोखिम से बचने की सलाह देता है।

लेकिन समस्या यह है कि मस्तिष्क कभी-कभी अवसरों को भी खतरे की तरह देखता है।

उदाहरण के लिए—

- मंच पर बोलना
- नया व्यवसाय शुरू करना
- नौकरी बदलना
- किसी बड़े लक्ष्य की ओर बढ़ना

ये वास्तविक खतरे नहीं हैं, लेकिन हमारा मन इन्हें जोखिम के रूप में देख सकता है।

इसलिए हमें अपने मन को प्रशिक्षित करना पड़ता है कि वह डर और वास्तविक खतरे के बीच अंतर समझ सके।

साहस क्या है?

अक्सर लोग सोचते हैं कि साहसी व्यक्ति को डर नहीं लगता।

यह गलत धारणा है।

साहस का अर्थ है—

डर के बावजूद सही कार्य करना।

यदि डर नहीं होगा, तो साहस की आवश्यकता भी नहीं होगी।

जब आप डर महसूस करते हुए भी आगे बढ़ते हैं, तभी वास्तविक साहस जन्म लेता है।

डर को हराने के पाँच प्रभावी उपाय

1. डर को पहचानें

कई लोग डर से भागते हैं, इसलिए वह और बड़ा होता जाता है।

अपने डर का नाम लिखिए।

उदाहरण:

- असफलता का डर
- अस्वीकृति का डर
- आलोचना का डर

जब आप डर को स्पष्ट रूप से पहचान लेते हैं, तब उसे संभालना आसान हो जाता है।

---

2. सबसे बुरी स्थिति की कल्पना करें

अपने आप से पूछें—

"सबसे बुरा क्या हो सकता है?"

अक्सर आप पाएँगे कि स्थिति उतनी भयावह नहीं है जितनी आपका मन बना रहा था।

---

3. छोटे कदम उठाएँ

यदि आपको सार्वजनिक रूप से बोलने का डर है, तो हजार लोगों के सामने बोलने की आवश्यकता नहीं है।

पहले पाँच लोगों के सामने बोलिए।

फिर दस लोगों के सामने।

फिर बीस लोगों के सामने।

छोटे कदम बड़े आत्मविश्वास का निर्माण करते हैं।

---

4. कार्रवाई करें

डर का सबसे बड़ा इलाज कार्रवाई है।

जितना अधिक आप किसी कार्य को टालेंगे, डर उतना ही बढ़ेगा।

जितना अधिक आप उसका सामना करेंगे, डर उतना ही कम होगा।

---

5. सफलता की कल्पना करें

अपने मन में बार-बार सकारात्मक परिणामों की कल्पना कीजिए।

मस्तिष्क कल्पना और वास्तविक अनुभव के बीच हमेशा स्पष्ट अंतर नहीं कर पाता।

सकारात्मक मानसिक अभ्यास आत्मविश्वास बढ़ाने में सहायता करता है।

प्रेरक कहानी : पहला कदम

एक युवक को तैरना सीखना था, लेकिन उसे पानी से बहुत डर लगता था।

वह महीनों तक किनारे पर खड़ा रहा।

एक दिन प्रशिक्षक ने उससे कहा—

"तुम पानी के बारे में सोचते रहोगे तो डरते रहोगे। तुम्हें पानी में उतरना ही होगा।"

उसने धीरे-धीरे पानी में कदम रखा।

कुछ दिनों बाद उसने तैरना सीख लिया।

उसे यह एहसास हुआ कि उसका सबसे बड़ा डर पानी नहीं था, बल्कि उसके मन की कल्पनाएँ थीं।

\जीवन में भी यही सत्य है।

हमारे अधिकांश डर वास्तविकता से नहीं, बल्कि कल्पना से पैदा होते हैं।

आत्मचिंतन अभ्यास

अभ्यास 1 : मेरा सबसे बड़ा डर

लिखिए—

- मेरा सबसे बड़ा डर क्या है ?
- यह डर मुझे किस चीज़ से रोक रहा है ?
- यदि यह डर न होता तो मैं क्या करता ?

अभ्यास 2 : साहस की सूची

अपने जीवन की तीन ऐसी घटनाएँ लिखिए जब आपने डर के बावजूद कोई कार्य किया था।

उस अनुभव से आपने क्या सीखा ?

अभ्यास 3 : आज का साहसिक कदम

आज ऐसा एक छोटा कार्य चुनिए जिससे आपको थोड़ा डर लगता है।

उसे आज ही पूरा करें।

अध्याय सारांश

- डर स्वाभाविक है, लेकिन उसे जीवन नियंत्रित नहीं करना चाहिए।
- अधिकांश डर भविष्य की कल्पनाओं पर आधारित होते हैं।
- असफलता, आलोचना और भविष्य का डर सबसे सामान्य बाधाएँ हैं।
- साहस का अर्थ डर का अभाव नहीं, बल्कि डर के बावजूद आगे बढ़ना है।
- छोटे कदम और निरंतर कार्रवाई डर को कमजोर करते हैं।

आज का कार्य

एक कागज़ पर अपना सबसे बड़ा डर लिखिए। उसके नीचे लिखिए—

"मैं अपने डर से बड़ा हूँ। मैं आज इसके विरुद्ध एक कदम उठाऊँगा।"

याद रखिए—

"डर का दरवाज़ा तभी खुलता है जब आप उसके सामने खड़े होने का साहस करते हैं।"

अध्याय 5 : असफलता से सीखना

भूमिका

यदि आप जीवन में कुछ बड़ा करने का प्रयास करेंगे, तो कभी न कभी असफलता का सामना अवश्य करेंगे। यह एक ऐसा सत्य है जिससे कोई भी व्यक्ति बच नहीं सकता।

फिर भी अधिकांश लोग असफलता से इतना डरते हैं कि वे प्रयास करना ही छोड़ देते हैं। वे असफलता को अपनी क्षमता का प्रमाण मान लेते हैं और सोचते हैं कि यदि वे एक बार हार गए, तो वे सफलता के योग्य नहीं हैं।

लेकिन इतिहास, विज्ञान, खेल, व्यापार और सामाजिक परिवर्तन की हर महान कहानी हमें एक अलग सत्य सिखाती है—

सफलता और असफलता विरोधी नहीं हैं; वे एक ही यात्रा के दो पड़ाव हैं।

जो लोग असफलता से सीखते हैं, वही अंततः सफलता तक पहुँचते हैं।

असफलता का वास्तविक अर्थ

असफलता का अर्थ यह नहीं है कि आप अयोग्य हैं।

असफलता का अर्थ केवल इतना है कि आपका वर्तमान प्रयास अपेक्षित परिणाम नहीं दे सका।

जब एक बच्चा चलना सीखता है, तो वह कई बार गिरता है। यदि वह हर गिरने को असफलता मानकर बैठ जाए, तो वह कभी चलना नहीं सीख पाएगा।

लेकिन वह गिरने को सीखने की प्रक्रिया का हिस्सा मानता है।

दुर्भाग्य से बड़े होने के बाद हम वही सरल सत्य भूल जाते हैं।

हम गिरने से डरने लगते हैं।

हम गलतियाँ करने से बचने लगते हैं।

और इसी कारण हम सीखने की प्रक्रिया को सीमित कर देते हैं।

लोग असफलता से इतना क्यों डरते हैं ?

असफलता का डर कई कारणों से उत्पन्न होता है—

1. समाज का दबाव

अक्सर हमें बचपन से सिखाया जाता है कि गलती करना गलत है।

अच्छे अंक, अच्छी नौकरी और लगातार सफलता को ही उपलब्धि माना जाता है।

इस कारण लोग असफलता को शर्म की बात समझने लगते हैं।

---

2. आत्मसम्मान का डर

कई लोग अपनी पहचान को अपने परिणामों से जोड़ लेते हैं।

यदि वे सफल होते हैं, तो स्वयं को अच्छा मानते हैं।

यदि असफल होते हैं, तो स्वयं को अयोग्य समझने लगते हैं।

लेकिन आपका मूल्य किसी एक परिणाम से तय नहीं होता।

---

3. दूसरों की राय

लोग अक्सर सोचते हैं—

"यदि मैं असफल हुआ तो लोग क्या कहेंगे ?"

लेकिन वास्तविकता यह है कि अधिकांश लोग अपने जीवन में इतने व्यस्त होते हैं कि वे आपकी असफलताओं पर उतना ध्यान नहीं देते जितना आप सोचते हैं।

महान व्यक्तियों की असफलताएँ

दुनिया के लगभग हर महान व्यक्ति ने असफलताओं का सामना किया है।

उदाहरण 1 : थॉमस एडिसन

Thomas Edison ने बिजली के बल्ब के विकास के दौरान हजारों प्रयोग किए।

जब उनसे पूछा गया कि वे हजारों बार असफल कैसे हुए, तो उनका उत्तर था—

"मैं असफल नहीं हुआ। मैंने केवल हजारों ऐसे तरीके खोजे जो काम नहीं करते।"

उदाहरण 2 : Abraham Lincoln

उन्होंने कई चुनाव हारे, व्यापार में नुकसान उठाया और व्यक्तिगत कठिनाइयों का सामना किया।

लेकिन उन्होंने प्रयास करना नहीं छोड़ा और अंततः अमेरिका के सबसे सम्मानित राष्ट्रपतियों में से एक बने।

उदाहरण 3 : Amitabh Bachchan

अपने करियर की शुरुआत में उन्हें कई अस्वीकृतियों का सामना करना पड़ा।

उनकी आवाज़ तक को एक समय अनुपयुक्त कहा गया।

लेकिन उन्होंने हार नहीं मानी और भारतीय सिनेमा के सबसे प्रभावशाली कलाकारों में स्थान बनाया।

असफलता हमें क्या सिखाती है?

1. वास्तविकता का ज्ञान

सफलता अक्सर हमें उत्साहित करती है, लेकिन असफलता हमें सिखाती है कि कहाँ सुधार की आवश्यकता है।

---

2. धैर्य-

बड़ी उपलब्धियाँ समय मांगती हैं।

असफलता हमें प्रतीक्षा करना और निरंतर प्रयास करना सिखाती है।

---

3. विनम्रता

असफलता हमें याद दिलाती है कि सीखना कभी समाप्त नहीं होता।

---

4. लचीलापन

हर बार गिरकर उठना हमारी मानसिक शक्ति को बढ़ाता है।

असफलता को अवसर में कैसे बदलें ?

चरण 1 : भावनाओं को स्वीकार करें

असफलता के बाद दुख, निराशा या क्रोध महसूस होना स्वाभाविक है।

इन भावनाओं को दबाने के बजाय स्वीकार करें।

चरण 2 : स्थिति का विश्लेषण करें

अपने आप से पूछें—

- क्या अच्छा हुआ ?
- क्या गलत हुआ ?
- मैं क्या बेहतर कर सकता हूँ ?

चरण 3 : सीख को लिखें

हर असफलता आपको कुछ सिखाती है।

यदि आपने सीख नहीं निकाली, तो असफलता व्यर्थ चली गई।

चरण 4 : नई योजना बनाएं

केवल पछतावा करने से कुछ नहीं बदलता।

सीख के आधार पर नई रणनीति तैयार करें।

चरण 5 : दोबारा प्रयास करें

यही सबसे महत्वपूर्ण कदम है।

अधिकांश लोग असफलता के बाद रुक जाते हैं।

सफल लोग असफलता के बाद फिर से शुरुआत करते हैं।

असफलता और सफलता का संबंध

कल्पना कीजिए कि सफलता एक पर्वत की चोटी है।

अधिकांश लोग केवल चोटी को देखते हैं।

वे नहीं देखते कि वहाँ तक पहुँचने के लिए कितनी बार गिरना पड़ा, कितनी बार रास्ता बदलना पड़ा और कितनी बार स्वयं पर संदेह हुआ।

हर सफलता के पीछे असंख्य छोटी-बड़ी असफलताएँ छिपी होती हैं।

इसलिए यदि आप असफल हो रहे हैं, तो इसका अर्थ यह नहीं कि आप गलत दिशा में हैं।

कई बार इसका अर्थ केवल इतना होता है कि आप सीख रहे हैं।

प्रेरक कहानी : किसान और बीज

एक किसान हर वर्ष बीज बोता था।

कुछ बीज पक्षी खा जाते थे।

कुछ सूख जाते थे।

कुछ पौधे कमजोर रह जाते थे।

लेकिन वह खेती करना नहीं छोड़ता था।

उसे पता था कि हर बीज फल नहीं देगा, लेकिन जो बीज सफल होंगे, वे पूरे खेत को भर देंगे।

जीवन भी ऐसा ही है।

हर प्रयास सफल नहीं होगा।

लेकिन यदि आप प्रयास करना नहीं छोड़ते, तो कुछ प्रयास आपके जीवन की दिशा बदल सकते हैं।

आत्मचिंतन अभ्यास

अभ्यास 1 : मेरी सबसे बड़ी असफलता

लिखिए—

- मेरी सबसे बड़ी असफलता क्या थी ?
- उस समय मैंने क्या महसूस किया ?
- मैंने उससे क्या सीखा ?

अभ्यास 2 : सीख की सूची

अपनी पिछली पाँच गलतियों की सूची बनाइए।

प्रत्येक के सामने लिखिए—

"इस अनुभव ने मुझे क्या सिखाया ?"

अभ्यास 3 : नई शुरुआत

किसी ऐसे कार्य की पहचान कीजिए जिसे आपने एक असफलता के कारण छोड़ दिया था।

आज उसके लिए एक छोटा कदम उठाने की योजना बनाइए।

अध्याय सारांश

- असफलता सफलता की प्रक्रिया का हिस्सा है।
- असफलता व्यक्ति की योग्यता नहीं, बल्कि एक परिणाम को दर्शाती है।
- महान उपलब्धियों के पीछे अनेक असफलताएँ छिपी होती हैं।
- हर असफलता एक सीख और अवसर लेकर आती है।
- असफलता के बाद दोबारा प्रयास करना ही वास्तविक सफलता की शुरुआत है।

आज का कार्य

अपनी किसी एक असफलता के बारे में लिखिए और उसके नीचे तीन सीख लिखिए।

फिर लिखिए—

"मैं अपनी असफलताओं से परिभाषित नहीं होता। मैं उनसे सीखकर आगे बढ़ता हूँ।"

याद रखिए—

"असफलता अंत नहीं है। यह सफलता की कहानी का वह अध्याय है जहाँ चरित्र का निर्माण होता है।"

जब हार अंत नहीं होती

जीवन में कुछ क्षण ऐसे आते हैं जब व्यक्ति स्वयं को पूरी तरह अकेला, असफल और निराश महसूस करता है। उसे लगता है कि उसकी समस्याओं का कोई समाधान नहीं है और भविष्य में कोई उम्मीद नहीं बची है।

लेकिन यह समझना बहुत आवश्यक है कि निराशा की सबसे गहरी रात भी स्थायी नहीं होती।

भारत में हर वर्ष बड़ी संख्या में लोग जीवन की कठिन परिस्थितियों, मानसिक तनाव, पारिवारिक समस्याओं, आर्थिक दबाव, परीक्षा के तनाव और अन्य चुनौतियों के कारण अपनी जान गंवा देते हैं। राष्ट्रीय अपराध रिकॉर्ड ब्यूरो (NCRB) के अनुसार 2022 में भारत में लगभग 1.7 लाख से अधिक आत्महत्या के मामले दर्ज किए गए थे। वर्ष 2023 में यह संख्या लगभग 1.71 लाख तक पहुँच गई। विशेष चिंता की बात यह है कि युवाओं और विद्यार्थियों से जुड़े मामलों में भी वृद्धि देखी गई।

इन आँकड़ों के पीछे केवल संख्याएँ नहीं हैं। इनके पीछे अधूरे सपने, टूटे हुए परिवार और वे लोग हैं जिन्हें शायद यह विश्वास नहीं था कि उनकी वर्तमान स्थिति बदल सकती है।

लेकिन इतिहास और जीवन का अनुभव हमें एक महत्वपूर्ण सत्य सिखाता है—

कोई भी समस्या स्थायी नहीं होती, लेकिन जीवन की संभावनाएँ असीमित होती हैं।

आज जो असफलता असहनीय लग रही है, वही कुछ वर्षों बाद आपके जीवन का सबसे बड़ा सबक बन सकती है।

आज जो परीक्षा, नौकरी, संबंध या आर्थिक समस्या आपको अंत जैसी लग रही है, वह आपके जीवन की पूरी कहानी नहीं है। वह केवल एक अध्याय है।

याद रखिए—

- एक परीक्षा में असफल होना जीवन में असफल होना नहीं है।
- नौकरी खोना आपकी क्षमता खोना नहीं है।
- किसी का आपको अस्वीकार करना आपके मूल्य को कम नहीं करता।
- कठिन परिस्थितियाँ आपके भविष्य का अंतिम निर्णय नहीं करतीं।

दुनिया के अनेक सफल लोगों ने ऐसे समय देखे हैं जब उन्हें लगा कि सब कुछ समाप्त हो गया है। लेकिन उन्होंने एक और दिन जीने, एक और प्रयास करने और एक और अवसर देने का निर्णय लिया। वही निर्णय उनके जीवन का मोड़ बन गया।

यदि कभी आपको लगे कि जीवन बहुत कठिन हो गया है, तो अकेले मत रहिए, किसी विश्वसनीय मित्र, परिवार के सदस्य, शिक्षक, मार्गदर्शक या मानसिक स्वास्थ्य विशेषज्ञ से बात कीजिए। सहायता माँगना कमजोरी नहीं, बल्कि साहस का संकेत है।

याद रखिए—

स्थायी समाधान कभी भी अस्थायी समस्याओं के लिए नहीं चुने जाने चाहिए।

आपका जीवन किसी एक असफलता, एक परिणाम या एक कठिन परिस्थिति से कहीं अधिक मूल्यवान है।

हो सकता है आज आपको अपना भविष्य धुंधला दिखाई दे रहा हो, लेकिन भविष्य की सबसे सुंदर बात यह है कि वह अभी लिखा नहीं गया है।

जब तक जीवन है, तब तक संभावना है।

जब तक संभावना है, तब तक आशा है।

और जब तक आशा है, तब तक परिवर्तन संभव है।

"यदि इस पुस्तक का एक भी पाठक किसी कठिन समय में यह निर्णय ले कि वह हार नहीं मानेगा,साहस चुनेगा सहायता लेगा और जीवन को एक और अवसर देगा, तो इस पुस्तक का उद्देश्य सार्थक हो जाएगा।

अध्याय 6 : बहानों से मुक्ति

भूमिका

जीवन में सफलता और असफलता के बीच का अंतर केवल प्रतिभा, शिक्षा या अवसरों का नहीं होता। कई बार यह अंतर केवल एक चीज़ का होता है—**बहानों और जिम्मेदारी के बीच का अंतर।**

बहाने हमें कुछ समय के लिए आराम देते हैं, लेकिन धीरे-धीरे हमारी प्रगति को रोक देते हैं। वे हमें यह विश्वास दिलाते हैं कि हमारी परिस्थितियाँ, संसाधन, उम्र, समय या अन्य लोग हमारी असफलता के लिए जिम्मेदार हैं।

दूसरी ओर, जो व्यक्ति अपने जीवन की जिम्मेदारी स्वीकार करता है, वह परिस्थितियों की प्रतीक्षा नहीं करता। वह उपलब्ध संसाधनों के साथ शुरुआत करता है और धीरे-धीरे अपने लिए नए अवसरों का निर्माण करता है।

सच्चाई यह है कि बहाने हमें वहीं रखते हैं जहाँ हम हैं, जबकि जिम्मेदारी हमें वहाँ ले जाती है जहाँ हम जाना चाहते हैं।

बहाने क्या हैं?

बहाना वह कारण है जिसे हम किसी कार्य को न करने या किसी लक्ष्य को टालने के लिए प्रस्तुत करते हैं।

बहाने सुनने में तार्किक लग सकते हैं, लेकिन अधिकांश समय वे केवल हमारे डर, आलस्य या आत्म-संदेह को छिपाने का माध्यम होते हैं।

कुछ सामान्य बहाने—

- मेरे पास समय नहीं है।
- मेरे पास पैसे नहीं हैं।
- मेरी उम्र कम है।
- मेरी उम्र अधिक हो गई है।
- मेरे पास सही लोग नहीं हैं।
- मेरी परिस्थितियाँ अच्छी नहीं हैं।
- मैं पर्याप्त प्रतिभाशाली नहीं हूँ।

इनमें से कुछ कारण वास्तविक चुनौतियाँ हो सकती हैं, लेकिन चुनौती और बहाने में अंतर होता है।

चुनौती कहती है—

"यह कठिन है, लेकिन संभव है।"

बहाना कहता है—

"यह कठिन है, इसलिए मैं कोशिश नहीं करूँगा।"

बहानों का मनोविज्ञान

मानव मस्तिष्क स्वाभाविक रूप से आराम और सुरक्षा चाहता है।

जब भी हम कोई नया या चुनौतीपूर्ण कार्य करने का प्रयास करते हैं, हमारा मन हमें जोखिम से बचाने की कोशिश करता है।

तभी बहाने जन्म लेते हैं।

उदाहरण के लिए—

यदि आप व्यायाम शुरू करना चाहते हैं, तो मन कह सकता है—

"आज बहुत थक गया हूँ, कल से शुरू करूँगा।"

यदि आप कोई नया कौशल सीखना चाहते हैं, तो मन कह सकता है—

"अभी समय नहीं है।"

धीरे-धीरे यह "कल" महीनों और वर्षों में बदल जाता है।

बहानों की वास्तविक कीमत

बहानों की सबसे बड़ी समस्या यह नहीं है कि वे हमें एक दिन के लिए रोकते हैं।

समस्या यह है कि वे धीरे-धीरे हमारी आदत बन जाते हैं।

बहानों की कीमत होती है—

- अधूरे सपने
- खोए हुए अवसर
- कम आत्मविश्वास
- पछतावा
- औसत जीवन

वर्षों बाद लोग अक्सर यह नहीं सोचते कि उन्होंने क्या किया।

वे यह सोचते हैं कि वे क्या कर सकते थे, यदि उन्होंने प्रयास किया होता।

सबसे खतरनाक बहाने

1. समय नहीं है

दुनिया के प्रत्येक व्यक्ति को प्रतिदिन 24 घंटे मिलते हैं।

प्रश्न समय का नहीं, प्राथमिकताओं का है।

यदि कोई कार्य वास्तव में महत्वपूर्ण है, तो उसके लिए समय निकाला जा सकता है।

---

2. सही अवसर नहीं मिला

बहुत से लोग अवसर की प्रतीक्षा करते रहते हैं।

सफल लोग अवसरों का इंतजार नहीं करते; वे अवसरों का निर्माण करते हैं।

---

3. संसाधनों की कमी

इतिहास में अनेक लोगों ने सीमित संसाधनों के बावजूद महान उपलब्धियाँ हासिल की हैं। संसाधन महत्वपूर्ण हैं, लेकिन संसाधनों से पहले दृष्टिकोण महत्वपूर्ण होता है।

कई लोग पूर्ण तैयारी की प्रतीक्षा करते रहते हैं।

लेकिन वास्तविकता यह है कि कोई भी व्यक्ति पूरी तरह तैयार नहीं होता।

अधिकांश लोग कार्य करते हुए सीखते हैं।

जिम्मेदारी बनाम दोषारोपण

जब जीवन हमारी अपेक्षाओं के अनुसार नहीं चलता, तो दोष देना आसान होता है।

हम परिस्थितियों, परिवार, व्यवस्था, अर्थव्यवस्था या भाग्य को जिम्मेदार ठहरा सकते हैं।

लेकिन दोषारोपण की समस्या यह है कि यह हमारी शक्ति छीन लेता है।

यदि कोई और जिम्मेदार है, तो परिवर्तन की शक्ति भी उसी के पास होगी।

इसके विपरीत, जिम्मेदारी हमें शक्ति देती है।

जिम्मेदारी कहती है—

"जो हो चुका है, उसे मैं नहीं बदल सकता। लेकिन आगे क्या होगा, उस पर मैं प्रभाव डाल सकता हूँ।"

यही सोच नेतृत्व की शुरुआत है।

कार्रवाई की शक्ति

ज्ञान महत्वपूर्ण है।

प्रेरणा भी महत्वपूर्ण है।

लेकिन अंततः परिणाम केवल कार्रवाई से आते हैं।

आप—

- सौ पुस्तकें पढ़ सकते हैं,
- सौ वीडियो देख सकते हैं,
- सौ योजनाएँ बना सकते हैं,

लेकिन यदि आप कार्य नहीं करेंगे, तो कुछ नहीं बदलेगा।

छोटी-छोटी निरंतर कार्रवाइयाँ ही बड़े परिणाम उत्पन्न करती हैं।

1% सुधार का सिद्धांत

कल्पना कीजिए कि

आप प्रतिदिन केवल 1% बेहतर बनने का प्रयास करते हैं।

शायद एक दिन में अंतर दिखाई न दे।

लेकिन एक वर्ष बाद परिणाम असाधारण हो सकते हैं।

यही कारण है कि सफलता अक्सर किसी बड़े परिवर्तन का नहीं, बल्कि छोटे निरंतर सुधारों का परिणाम होती है।

प्रेरक कहानी : पत्थर तोड़ने वाला मजदूर

एक मजदूर प्रतिदिन एक बड़े पत्थर पर हथौड़ा मारता था।

उसने 100 बार प्रहार किया, लेकिन पत्थर नहीं टूटा।

101वें प्रहार पर पत्थर दो भागों में टूट गया।

क्या पत्थर केवल अंतिम प्रहार से टूटा ?

नहीं।

वह पहले 100 प्रहारों के कारण भी धीरे-धीरे कमजोर हो रहा था।

जीवन में भी सफलता अचानक दिखाई देती है, लेकिन उसके पीछे लंबे समय तक किए गए छोटे प्रयास होते हैं।

बहानों को समाप्त करने की पाँच-चरणीय प्रक्रिया

चरण 1 : अपने बहानों की सूची बनाइए

एक कागज़ पर लिखिए—

"मैं अपने लक्ष्य क्यों नहीं प्राप्त कर पा रहा हूँ?"

जो भी कारण मन में आए, लिख दीजिए।

चरण 2 : सत्य और बहाने में अंतर कीजिए

प्रत्येक कारण के सामने लिखिए—

"क्या यह वास्तविक बाधा है या केवल बहाना?"

चरण 3 : समाधान खोजिए

हर समस्या के कम से कम तीन समाधान लिखिए।

चरण 4 : छोटे कदम तय कीजिए

लक्ष्य को छोटे कार्यों में विभाजित करें।

चरण 5 : आज ही शुरुआत कीजिए

सही समय की प्रतीक्षा मत कीजिए।

अधिकांश सफल यात्राएँ अपूर्ण परिस्थितियों में ही शुरू हुई हैं।

आत्मचिंतन अभ्यास

अभ्यास 1 : मेरा सबसे बड़ा बहाना

लिखिए—

- मैं सबसे अधिक कौन-सा बहाना बनाता हूँ ?
- यह बहाना मुझे किस चीज़ से रोक रहा है ?

अभ्यास 2 : जिम्मेदारी घोषणा

निम्न वाक्य लिखिए—

"मैं अपने जीवन, अपने निर्णयों और अपने परिणामों की जिम्मेदारी स्वीकार करता हूँ।"

अभ्यास 3 : पहला कदम

अपने किसी महत्वपूर्ण लक्ष्य के लिए आज उठाया जाने वाला सबसे छोटा कदम लिखिए और उसे पूरा कीजिए।

अध्याय सारांश

- बहाने प्रगति के सबसे बड़े शत्रु हैं।
- चुनौतियाँ वास्तविक हो सकती हैं, लेकिन बहाने हमें प्रयास करने से रोकते हैं।
- जिम्मेदारी स्वीकार करना व्यक्तिगत परिवर्तन की कुंजी है।
- सफलता कार्रवाई से आती है, केवल ज्ञान से नहीं।
- छोटे-छोटे निरंतर प्रयास बड़े परिणाम उत्पन्न करते हैं।

परिवर्तन चेकपॉइंट – भाग 2

इस भाग को पूरा करने के बाद स्वयं से पूछें—

✓ क्या मैंने अपने सबसे बड़े डर की पहचान की है ?

✓ क्या मैं असफलता को सीखने का अवसर मानने लगा हूँ ?

✓ क्या मैं अपने बहानों को पहचान पा रहा हूँ ?

✓ क्या मैं अपने जीवन की अधिक जिम्मेदारी लेने के लिए तैयार हूँ ?

यदि आपका उत्तर "हाँ" है, तो आपने परिवर्तन की यात्रा में एक महत्वपूर्ण कदम आगे बढ़ा लिया है।

आज का कार्य

एक कागज़ पर अपने तीन सबसे बड़े बहाने लिखिए।

फिर उनके सामने लिखिए—

"अब मैं समाधान खोजूँगा, बहाने नहीं।"

याद रखिए—

"बहाने भविष्य नहीं बनाते। कार्रवाई भविष्य बनाती है।"

अध्याय 7 : उद्देश्य की खोज

भूमिका

हर व्यक्ति अपने जीवन में कभी न कभी यह प्रश्न अवश्य पूछता है—

"मैं यहाँ क्यों हूँ ?"

"मेरे जीवन का उद्देश्य क्या है ?"

कुछ लोगों को इसका उत्तर जल्दी मिल जाता है, जबकि कुछ लोग वर्षों तक इसकी तलाश करते रहते हैं।

सच्चाई यह है कि उद्देश्य कोई ऐसी वस्तु नहीं है जो अचानक कहीं मिल जाए। यह एक यात्रा है, जो स्वयं को समझने, अपने मूल्यों को पहचानने और अपने योगदान की दिशा खोजने से शुरू होती है।

बहुत से लोग सफलता तो प्राप्त कर लेते हैं, लेकिन संतुष्टि नहीं। वे आर्थिक रूप से सफल हो सकते हैं, समाज में सम्मान प्राप्त कर सकते हैं, लेकिन फिर भी उनके भीतर एक खालीपन बना रहता है।

इसका कारण अक्सर यह होता है कि उन्होंने सफलता तो प्राप्त कर ली, लेकिन अपने उद्देश्य को नहीं खोजा।

उद्देश्य जीवन को केवल दिशा ही नहीं देता, बल्कि कठिन समय में आगे बढ़ने का कारण भी देता है।

उद्देश्य क्या है?

उद्देश्य वह कारण है जिसके लिए आप सुबह उठते हैं।

वह कारण जो आपके कार्यों को अर्थ देता है।

वह दिशा जो आपके निर्णयों को स्पष्ट बनाती है।

उद्देश्य हमेशा कोई बहुत बड़ा या विश्व-परिवर्तनकारी लक्ष्य नहीं होता।

किसी शिक्षक का उद्देश्य बच्चों को बेहतर शिक्षा देना हो सकता है।

किसी डॉक्टर का उद्देश्य लोगों को स्वस्थ जीवन देना हो सकता है।

किसी सामाजिक कार्यकर्ता का उद्देश्य समुदाय में सकारात्मक परिवर्तन लाना हो सकता है।

किसी माता-पिता का उद्देश्य अपने बच्चों के लिए बेहतर भविष्य बनाना हो सकता है।

महत्वपूर्ण यह नहीं कि उद्देश्य कितना बड़ा है।

महत्वपूर्ण यह है कि वह आपके लिए कितना अर्थपूर्ण है।

उद्देश्य और लक्ष्य में अंतर

अक्सर लोग उद्देश्य और लक्ष्य को एक ही समझ लेते हैं।

लेकिन दोनों अलग हैं।

लक्ष्य

- एक निश्चित परिणाम होता है।
- समय-सीमा से जुड़ा होता है।
- पूरा होने के बाद समाप्त हो जाता है।

उदाहरण:

- परीक्षा पास करना
- पदोन्नति प्राप्त करना
- व्यवसाय शुरू करना

उद्देश्य

- दीर्घकालिक दिशा है।
- जीवन को अर्थ देता है।
- लगातार विकसित होता रहता है।

उदाहरण:

- शिक्षा के माध्यम से लोगों का जीवन बेहतर बनाना।
- समाज में सकारात्मक बदलाव लाना।
- लोगों को प्रेरित करना।

लक्ष्य आपके उद्देश्य की ओर बढ़ने के साधन होते हैं।

उद्देश्य की आवश्यकता क्यों है?

जब जीवन में उद्देश्य स्पष्ट होता है, तो—

- निर्णय लेना आसान हो जाता है।
- प्रेरणा अधिक स्थायी हो जाती है।
- चुनौतियों का सामना करना आसान हो जाता है।
- जीवन में संतुष्टि बढ़ती है।
- व्यक्ति अपनी ऊर्जा सही दिशा में लगाता है।

उद्देश्य के बिना जीवन एक ऐसी नाव की तरह है जिसके पास दिशा नहीं है।

वह चल तो सकती है, लेकिन कहाँ पहुँचेगी यह निश्चित नहीं होता।

अपनी रुचियों को पहचानना

उद्देश्य की खोज का पहला कदम है—अपनी रुचियों को समझना।

अपने आप से पूछिए—

- मुझे कौन-से कार्य सबसे अधिक पसंद हैं?
- किन विषयों पर बात करते समय मैं उत्साहित महसूस करता हूँ?
- मैं किस प्रकार की समस्याओं को हल करना पसंद करता हूँ ?
- कौन-से कार्य करते समय समय का ध्यान नहीं रहता?

अक्सर हमारे उद्देश्य के संकेत हमारी रुचियों में छिपे होते हैं।

अपनी शक्तियों को पहचानना

उद्देश्य केवल रुचि पर आधारित नहीं होता।

उसे हमारी शक्तियों से भी जुड़ना चाहिए।

कुछ लोग लोगों को सिखाने में अच्छे होते हैं।

कुछ लोग नेतृत्व करने में।

कुछ लोग समस्याओं का समाधान खोजने में।

कुछ लोग रचनात्मक कार्यों में।

अपने आप से पूछिए—

- मेरी सबसे बड़ी शक्तियाँ क्या हैं?
- लोग अक्सर मेरी किस बात की प्रशंसा करते हैं?
- मैं किस कार्य में स्वाभाविक रूप से अच्छा हूँ?

जहाँ आपकी रुचि और आपकी क्षमता मिलती है, वहीं उद्देश्य के बीज मिल सकते हैं।

अपने मूल्यों को समझना

मूल्य वे सिद्धांत हैं जो आपके निर्णयों का मार्गदर्शन करते हैं।

उदाहरण—

- ईमानदारी
- सेवा
- स्वतंत्रता
- शिक्षा
- परिवार
- सम्मान
- नेतृत्व

यदि आपका कार्य आपके मूल्यों के अनुरूप नहीं है, तो सफलता मिलने के बाद भी संतुष्टि नहीं मिलती।

इसलिए उद्देश्य की खोज में मूल्यों की पहचान अत्यंत महत्वपूर्ण है।

उद्देश्य हमेशा स्पष्ट नहीं होता

बहुत से लोग सोचते हैं कि एक दिन अचानक उन्हें अपने जीवन का उद्देश्य समझ में आ जाएगा।

लेकिन अधिकांश लोगों के साथ ऐसा नहीं होता।

उद्देश्य धीरे-धीरे स्पष्ट होता है।

नए अनुभवों, सीखने, कार्य करने और लोगों से जुड़ने के माध्यम से यह विकसित होता है।

इसलिए यदि अभी आपको अपना उद्देश्य पूरी तरह स्पष्ट नहीं है, तो चिंता करने की आवश्यकता नहीं है।

महत्वपूर्ण यह है कि आप खोज जारी रखें।

उद्देश्य खोजने का सूत्र

अपने आप से इन तीन प्रश्नों के उत्तर पूछिए—

1. मुझे क्या करना पसंद है?

(रुचि)

2. मैं किस कार्य में अच्छा हूँ?

(क्षमता)

3. इससे दूसरों को क्या लाभ होगा?

(योगदान)

जहाँ इन तीनों का मिलन होता है, वहीं उद्देश्य की दिशा दिखाई देने लगती है।

प्रेरक कहानी : दीपक की खोज

एक युवक अपने जीवन के उद्देश्य को लेकर बहुत परेशान था।

वह बार-बार लोगों से पूछता—

"मुझे क्या करना चाहिए?"

एक दिन उसके गुरु ने उसे एक दीपक दिया और कहा—

"रात में इस दीपक के साथ जंगल के रास्ते पर चलो।"

युवक ने देखा कि दीपक केवल कुछ कदमों तक ही प्रकाश दे रहा था।

उसने कहा—

"मुझे पूरा रास्ता दिखाई नहीं दे रहा।"

गुरु मुस्कुराए और बोले—

"तुम्हें पूरा रास्ता देखने की आवश्यकता नहीं है। केवल अगले कुछ कदम देखना पर्याप्त है।"

जीवन का उद्देश्य भी ऐसा ही है।

वह अक्सर पूरी तरह एक साथ दिखाई नहीं देता।

वह कदम-दर-कदम स्पष्ट होता है।

व्यक्तिगत मिशन वक्तव्य

जब आप अपने उद्देश्य को समझने लगते हैं, तो उसे एक मिशन वक्तव्य में बदल सकते हैं।

उदाहरण:

"मैं शिक्षा और प्रशिक्षण के माध्यम से युवाओं को उनकी क्षमता पहचानने और बेहतर भविष्य बनाने में सहायता करूँगा।"

या

"मैं अपने कार्य और चरित्र के माध्यम से समाज में सकारात्मक परिवर्तन लाने का प्रयास करूँगा।"

एक स्पष्ट मिशन वक्तव्य आपके जीवन को दिशा देता है।

आत्मचिंतन अभ्यास

अभ्यास 1 : मेरी रुचियाँ

ऐसी 10 चीजें लिखिए जिन्हें करना आपको वास्तव में पसंद है।

अभ्यास 2 : मेरी शक्तियाँ

अपनी 10 प्रमुख शक्तियों की सूची बनाइए।

अभ्यास 3 : मेरे मूल्य

निम्न सूची में से अपने पाँच प्रमुख मूल्य चुनिए—

- ईमानदारी
- सेवा
- नेतृत्व
- स्वतंत्रता
- शिक्षा
- रचनात्मकता
- परिवार
- सम्मान
- साहस
- अनुशासन

अभ्यास 4 : मेरा मिशन वक्तव्य

निम्न वाक्य पूरा करें—

"मैं अपने जीवन का उपयोग __________ के लिए करना चाहता हूँ ताकि __________ ।"

अध्याय सारांश

- उद्देश्य जीवन को दिशा और अर्थ देता है।
- उद्देश्य और लक्ष्य अलग हैं।
- रुचियाँ, क्षमताएँ और मूल्य उद्देश्य खोजने की कुंजी हैं।
- उद्देश्य धीरे-धीरे स्पष्ट होता है।
- एक स्पष्ट मिशन जीवन के निर्णयों को सरल बनाता है।

आज का कार्य

अपने जीवन के लिए एक प्रारंभिक मिशन वक्तव्य लिखिए और उसे ऐसी जगह लगाइए जहाँ आप उसे प्रतिदिन देख सकें।

याद रखिए—

"जिस व्यक्ति को अपने जीवन का कारण पता होता है, वह लगभग हर परिस्थिति का सामना कर सकता है।"

अध्याय 8 : लक्ष्य निर्धारण की कला

भूमिका

सपने हमें प्रेरित करते हैं, लेकिन केवल सपने ही पर्याप्त नहीं होते। यदि सपनों को स्पष्ट दिशा और कार्ययोजना न मिले, तो वे केवल कल्पनाएँ बनकर रह जाते हैं।

यहीं पर लक्ष्य (Goals) महत्वपूर्ण भूमिका निभाते हैं।

उद्देश्य हमें यह बताता है कि हमें किस दिशा में जाना है, जबकि लक्ष्य हमें यह बताते हैं कि वहाँ तक कैसे पहुँचना है।

बहुत से लोग सफल होना चाहते हैं, स्वस्थ रहना चाहते हैं, आर्थिक रूप से मजबूत बनना चाहते हैं या समाज में सकारात्मक योगदान देना चाहते हैं। लेकिन उनमें से केवल कुछ ही लोग अपने सपनों को वास्तविकता में बदल पाते हैं। इसका एक प्रमुख कारण यह है कि वे अपने सपनों को स्पष्ट लक्ष्यों में परिवर्तित नहीं कर पाते।

लक्ष्य वह पुल हैं जो कल्पना को उपलब्धि से जोड़ते हैं।

लक्ष्य क्यों आवश्यक हैं?

कल्पना कीजिए कि आप एक लंबी यात्रा पर निकलते हैं, लेकिन आपको यह नहीं पता कि आपको कहाँ जाना है।

क्या आप अपने गंतव्य तक पहुँच पाएँगे ?

संभवतः नहीं।

जीवन में भी यही सत्य है।

जब लक्ष्य स्पष्ट नहीं होते, तो व्यक्ति व्यस्त तो रहता है लेकिन प्रगति नहीं कर पाता।

स्पष्ट लक्ष्य—

- दिशा प्रदान करते हैं।
- ध्यान केंद्रित रखते हैं।
- प्रेरणा बढ़ाते हैं।
- प्रगति मापने में सहायता करते हैं।
- आत्मविश्वास बढ़ाते हैं।

लक्ष्य और इच्छा में अंतर

बहुत से लोग इच्छाओं को लक्ष्य समझ लेते हैं।

इच्छा

- "मैं सफल होना चाहता हूँ।"
- "मैं स्वस्थ रहना चाहता हूँ।"
- "मैं आर्थिक रूप से मजबूत बनना चाहता हूँ।"

लक्ष्य

- "मैं अगले 12 महीनों में अपनी आय 20% बढ़ाऊँगा।"
- "मैं अगले 90 दिनों तक प्रतिदिन 30 मिनट व्यायाम करूँगा।"
- "मैं अगले 6 महीनों में एक नया कौशल सीखूँगा।"

इच्छा अस्पष्ट होती है।

लक्ष्य स्पष्ट होता है।

लक्ष्य निर्धारण की सामान्य गलतियाँ

1. बहुत बड़े लक्ष्य, लेकिन कोई योजना नहीं

कुछ लोग अत्यधिक बड़े लक्ष्य निर्धारित कर लेते हैं, लेकिन उनके लिए कोई ठोस योजना नहीं बनाते।

---

2. दूसरों के लक्ष्य अपनाना

कई लोग अपने परिवार, मित्रों या समाज की अपेक्षाओं के अनुसार लक्ष्य निर्धारित करते हैं।

लेकिन जो लक्ष्य आपके अपने नहीं हैं, उन्हें लंबे समय तक बनाए रखना कठिन होता है।

---

3. बहुत सारे लक्ष्य

एक साथ दस दिशाओं में भागने से बेहतर है कि पहले एक या दो महत्वपूर्ण लक्ष्यों पर ध्यान केंद्रित किया जाए।

---

4. प्रगति की समीक्षा न करना

लक्ष्य निर्धारित करना पर्याप्त नहीं है।

उनकी नियमित समीक्षा भी आवश्यक है।

SMART लक्ष्य सिद्धांत

दुनिया भर में लक्ष्य निर्धारण की सबसे लोकप्रिय तकनीकों में से एक है SMART मॉडल।

S – Specific (विशिष्ट)

लक्ष्य स्पष्ट होना चाहिए।

❌ मैं अधिक पढ़ूँगा।

✅ मैं अगले तीन महीनों में दो पुस्तकें पढ़ूँगा।

M – Measurable (मापनीय)

आप अपनी प्रगति माप सकें।

❌ मैं फिट बनूँगा।

✅ मैं अगले चार महीनों में 5 किलो वजन कम करूँगा।

A – Achievable (प्राप्त करने योग्य)

लक्ष्य चुनौतीपूर्ण हो, लेकिन असंभव नहीं।

R – Relevant (प्रासंगिक)

लक्ष्य आपके उद्देश्य और मूल्यों से जुड़ा होना चाहिए।

T – Time-bound (समयबद्ध)

लक्ष्य की एक समय-सीमा होनी चाहिए।

SMART लक्ष्य का उदाहरण

यदि आपका उद्देश्य शिक्षा के क्षेत्र में योगदान देना है, तो SMART लक्ष्य हो सकता है—

"मैं अगले 6 महीनों में प्रभावी प्रशिक्षण कौशल का एक प्रमाणपत्र कोर्स पूरा करूँगा और कम से कम 50 युवाओं के लिए एक प्रशिक्षण कार्यक्रम आयोजित करूँगा।"

अल्पकालिक और दीर्घकालिक लक्ष्य

अल्पकालिक लक्ष्य (Short-Term Goals)

- 1 दिन से 1 वर्ष तक
- छोटे और तत्काल परिणाम

उदाहरण:

- एक पुस्तक पढ़ना
- नई कौशल सीखना
- स्वास्थ्य दिनचर्या शुरू करना

दीर्घकालिक लक्ष्य (Long-Term Goals)

- 3, 5 या 10 वर्षों से जुड़े

उदाहरण:

- अपना संगठन स्थापित करना
- वित्तीय स्वतंत्रता प्राप्त करना
- किसी क्षेत्र का विशेषज्ञ बनना

लक्ष्य को छोटे चरणों में बाँटें

बहुत से लोग अपने बड़े लक्ष्य देखकर ही घबरा जाते हैं।

यदि किसी व्यक्ति को 1000 किलोमीटर की यात्रा करनी हो, तो उसे केवल पहला कदम उठाने की आवश्यकता है।

बड़े लक्ष्य को छोटे चरणों में विभाजित करें।

उदाहरण:

लक्ष्य:

एक पुस्तक लिखना।

चरण:

- विषय तय करना
- अध्याय सूची बनाना
- प्रतिदिन 500 शब्द लिखना
- संपादन करना
- प्रकाशन की तैयारी

छोटे चरण बड़े लक्ष्य को सरल बना देते हैं।

लिखित लक्ष्य की शक्ति

अनुसंधान बताते हैं कि जो लोग अपने लक्ष्य लिखते हैं, उनके लक्ष्य प्राप्त करने की संभावना अधिक होती है।

लिखने से—

- स्पष्टता आती है।
- प्रतिबद्धता बढ़ती है।
- ध्यान केंद्रित रहता है।

अपने लक्ष्य केवल सोचिए मत।

उन्हें लिखिए।

लक्ष्य और अनुशासन

केवल लक्ष्य सफलता नहीं देते।

यदि ऐसा होता, तो हर व्यक्ति सफल होता।

लक्ष्य दिशा देते हैं ।

अनुशासन आपको वहाँ तक पहुँचाता है।

लक्ष्य और दैनिक आदतों का संबंध समझना आवश्यक है।

उदाहरण:

यदि आपका लक्ष्य एक वर्ष में पुस्तक लिखना है, तो आपकी आदत प्रतिदिन लिखने की होनी चाहिए।

प्रेरक कहानी : तीरंदाज का लक्ष्य

एक गुरु ने अपने शिष्यों से पूछा—

"जब तुम तीर चलाते हो, तो तुम्हें क्या दिखाई देता है ?"

पहले शिष्य ने कहा—

"मुझे पेड़ दिखाई देता है।"

दूसरे ने कहा—

"मुझे शाखाएँ दिखाई देती हैं।"

तीसरे ने कहा—

"मुझे केवल लक्ष्य दिखाई देता है।"

गुरु ने उसी शिष्य को तीर चलाने के लिए कहा।

उसका निशाना बिल्कुल सही लगा।

जीवन में भी वही व्यक्ति सबसे अधिक प्रगति करता है जो अपने लक्ष्य पर स्पष्ट ध्यान केंद्रित करता है।

लक्ष्य निर्धारण कार्यपत्रक

मेरा एक वर्षीय लक्ष्य

यह मेरे लिए क्यों महत्वपूर्ण है ?

इसे प्राप्त करने के लिए मुझे कौन-कौन से कदम उठाने होंगे ?

1. .... ……………………………………………………
……………………………………………
2. ……………………………………………………………………………………
…………………………………………..
3. …..…………………………………………………………………………………
……………………………………………...

मैं आज कौन-सा पहला कदम उठाऊँगा ?

…..……………………………………………………………………………………
……………………………………………………..

आत्मचिंतन अभ्यास

अभ्यास 1

अपने जीवन के पाँच प्रमुख क्षेत्रों की सूची बनाइए—

- स्वास्थ्य
- करियर
- वित्त
- संबंध
- व्यक्तिगत विकास

प्रत्येक क्षेत्र में एक लक्ष्य लिखिए।

अभ्यास 2

अपने किसी बड़े लक्ष्य को पाँच छोटे चरणों में विभाजित कीजिए।

अभ्यास 3

अगले 90 दिनों के लिए तीन SMART लक्ष्य लिखिए।

अध्याय सारांश

- सपनों को वास्तविकता में बदलने के लिए लक्ष्य आवश्यक हैं।
- इच्छा और लक्ष्य में अंतर होता है।

- SMART मॉडल लक्ष्य निर्धारण का प्रभावी तरीका है।
- बड़े लक्ष्यों को छोटे चरणों में विभाजित करना चाहिए।
- लक्ष्य तभी पूरे होते हैं जब उनके साथ अनुशासन और कार्रवाई जुड़ी हो।

आज का कार्य

अपने जीवन के अगले 12 महीनों के लिए एक प्रमुख लक्ष्य लिखिए और उसके लिए पहला कदम आज ही उठाइए।

याद रखिए—

"लक्ष्य भविष्य की उपलब्धियों का नक्शा हैं, लेकिन पहला कदम आज उठाना पड़ता है।"

अध्याय 9 : विज़न बनाना

भूमिका

यदि लक्ष्य हमें अगले कुछ महीनों या वर्षों की दिशा दिखाते हैं, तो विज़न हमें यह दिखाता है कि हम अपने जीवन को अंततः किस रूप में देखना चाहते हैं।

हर महान उपलब्धि की शुरुआत एक कल्पना से होती है। किसी ने पहले अपने मन में एक संभावना देखी, फिर उसे वास्तविकता में बदलने के लिए कार्य किया।

विज़न केवल सपने देखने का नाम नहीं है। यह अपने भविष्य की एक स्पष्ट, प्रेरणादायक और अर्थपूर्ण तस्वीर बनाने की प्रक्रिया है।

जब आपके पास एक स्पष्ट विज़न होता है, तो आपके निर्णय अधिक उद्देश्यपूर्ण हो जाते हैं। आप यह समझने लगते हैं कि कौन-से अवसर आपके लिए सही हैं और कौन-से नहीं।

विज़न वह प्रकाशस्तंभ है जो जीवन की अनिश्चितताओं के बीच आपकी दिशा बनाए रखता है।

विज़न क्या है?

विज़न आपके भविष्य की वह तस्वीर है जिसे आप अपने जीवन में साकार होते देखना चाहते हैं।

यह इस प्रश्न का उत्तर है—

"मैं आने वाले वर्षों में कैसा जीवन जीना चाहता हूँ ?"

विज़न केवल करियर या धन से संबंधित नहीं होता।

एक संतुलित विज़न जीवन के विभिन्न क्षेत्रों को शामिल करता है—

- स्वास्थ्य
- परिवार
- करियर
- वित्त
- शिक्षा
- समाज सेवा
- आध्यात्मिक विकास
- व्यक्तिगत संतुष्टि

विज़न आपको यह सोचने के लिए प्रेरित करता है कि आप केवल क्या प्राप्त करना चाहते हैं, बल्कि आप किस प्रकार का व्यक्ति बनना चाहते हैं।

विज़न और लक्ष्य में अंतर

विज़न

- बड़ी तस्वीर है।
- दीर्घकालिक दिशा है।
- प्रेरणा का स्रोत है।

लक्ष्य

- विशिष्ट उपलब्धियाँ हैं।

- समय-सीमा से जुड़े हैं।
- विज़न को वास्तविकता में बदलने के साधन हैं।

उदाहरण:

विज़न

"मैं शिक्षा और नेतृत्व के माध्यम से हजारों युवाओं के जीवन में सकारात्मक परिवर्तन लाना चाहता हूँ।"

लक्ष्य

- अगले वर्ष 500 युवाओं को प्रशिक्षण देना।
- नेतृत्व विकास कार्यक्रम शुरू करना।
- एक पुस्तक प्रकाशित करना।

विज़न दिशा देता है, लक्ष्य मार्ग बनाते हैं।

विज़न क्यों महत्वपूर्ण है?

स्पष्ट विज़न वाले लोग—

- अधिक केंद्रित रहते हैं।
- कठिन समय में भी प्रेरित रहते हैं।
- बेहतर निर्णय लेते हैं।
- अपने समय और ऊर्जा का बेहतर उपयोग करते हैं।
- जीवन में अधिक संतुष्टि अनुभव करते हैं।

जब विज़न स्पष्ट नहीं होता, तो व्यक्ति अक्सर दूसरों के सपनों का पीछा करने लगता है।

लेकिन जब विज़न स्पष्ट होता है, तो व्यक्ति अपने जीवन का निर्माता बन जाता है।

अपने आदर्श भविष्य की कल्पना करें

अपनी आँखें बंद करें और कल्पना करें कि आज से दस वर्ष बाद का आपका जीवन कैसा है।

अपने आप से पूछिए—

- मैं कहाँ रह रहा हूँ?
- मैं क्या काम कर रहा हूँ?
- मेरे जीवन में कौन लोग हैं?
- मेरा स्वास्थ्य कैसा है?
- मैं समाज में किस प्रकार का योगदान दे रहा हूँ?
- लोग मुझे किस रूप में याद करते हैं?

इन प्रश्नों के उत्तर आपके विज़न को आकार देने में सहायता करेंगे।

सीमाओं के बिना सोचिए

जब लोग भविष्य की कल्पना करते हैं, तो अक्सर वर्तमान सीमाओं के आधार पर सोचते हैं।

वे कहते हैं—

- मेरे पास संसाधन नहीं हैं।
- मैं ऐसा नहीं कर सकता।
- यह बहुत कठिन है।

लेकिन विज़न बनाते समय स्वयं को सीमित मत कीजिए।

पहले यह तय कीजिए कि आप क्या चाहते हैं।

उसके बाद यह सोचिए कि वहाँ तक कैसे पहुँचना है।

विज़न बोर्ड की शक्ति

विज़न बोर्ड एक दृश्य माध्यम है जिसके द्वारा आप अपने सपनों, लक्ष्यों और आकांक्षाओं को चित्रों, शब्दों और प्रेरक वाक्यों के माध्यम से प्रदर्शित करते हैं।

इसमें शामिल हो सकते हैं—

- प्रेरणादायक चित्र
- लक्ष्य
- उद्धरण
- जीवनशैली की कल्पनाएँ
- मिशन वक्तव्य

विज़न बोर्ड आपके मस्तिष्क को बार-बार आपके उद्देश्यों की याद दिलाता है।

जीवन के सात क्षेत्रों का विज़न

1. स्वास्थ्य

मैं कैसा स्वास्थ्य चाहता हूँ ?

2. परिवार और संबंध

मैं किस प्रकार के संबंध बनाना चाहता हूँ ?

3. करियर

मैं अपने क्षेत्र में क्या योगदान देना चाहता हूँ ?

4. वित्त

मैं किस स्तर की आर्थिक स्थिरता चाहता हूँ ?

5. सीखना और विकास

मैं कौन-से कौशल सीखना चाहता हूँ ?

6. समाज सेवा

मैं समाज में क्या योगदान देना चाहता हूँ ?

7. आंतरिक शांति

मैं मानसिक और भावनात्मक रूप से कैसा जीवन जीना चाहता हूँ ?

इन सात क्षेत्रों में स्पष्टता जीवन को संतुलित बनाती है।

विज़न को लिखना क्यों आवश्यक है?

अस्पष्ट विचार अक्सर समय के साथ खो जाते हैं।

लेकिन जब आप अपने विज़न को लिखते हैं—

- वह स्पष्ट होता है।
- उसकी शक्ति बढ़ती है।
- आपका ध्यान केंद्रित रहता है।
- आपकी प्रतिबद्धता मजबूत होती है।

इसलिए अपने विज़न को केवल सोचिए मत।

उसे लिखिए।

रोडमैप बनाना

विज़न मंज़िल है।

रोडमैप वहाँ तक पहुँचने की योजना है।

उदाहरण:

यदि आपका विज़न है—

"ग्रामीण युवाओं के लिए एक प्रभावशाली प्रशिक्षण संस्था स्थापित करना।"

तो रोडमैप में शामिल हो सकते हैं—

वर्ष 1

- प्रशिक्षण कौशल विकसित करना
- नेटवर्क बनाना

वर्ष 2

- छोटे प्रशिक्षण कार्यक्रम शुरू करना

वर्ष 3

- टीम विकसित करना

वर्ष 4–5

- संस्था का विस्तार करना

बड़े सपनों को चरणों में बाँटने से वे अधिक व्यावहारिक बन जाते हैं।

भविष्य की बाधाओं के लिए तैयारी

हर यात्रा में चुनौतियाँ आएँगी।

जब आपका विज़न स्पष्ट होता है, तो कठिन समय में भी आप अपने उद्देश्य को नहीं भूलते।

अपने आप से पूछिए—

- कौन-सी बाधाएँ आ सकती हैं ?
- मैं उनका सामना कैसे करूँगा ?
- कौन मेरी सहायता कर सकता है ?

तैयारी आत्मविश्वास बढ़ाती है।

प्रेरक कहानी : पत्थर तराशने वाला शिल्पकार

एक व्यक्ति ने एक शिल्पकार से पूछा—

"आप इस पत्थर को क्या बना रहे हैं?"

शिल्पकार ने उत्तर दिया—

"मैं मंदिर बना रहा हूँ।"

व्यक्ति ने आश्चर्य से कहा—

"लेकिन आप तो केवल पत्थर तराश रहे हैं।"

शिल्पकार मुस्कुराया और बोला—

"आप पत्थर देख रहे हैं, मैं मंदिर देख रहा हूँ।"

यही विज़न की शक्ति है।

दूसरे लोग वर्तमान देखते हैं।

विज़न वाला व्यक्ति भविष्य देखता है।

मेरा व्यक्तिगत विज़न वक्तव्य

अब अपना विज़न लिखिए।

उदाहरण:

"मैं एक ऐसा जीवन जीना चाहता हूँ जिसमें मैं निरंतर सीखूँ, स्वस्थ रहूँ, अपने परिवार का सम्मान बढ़ाऊँ और शिक्षा एवं नेतृत्व के माध्यम से समाज में सकारात्मक परिवर्तन लाऊँ।"

आपका विज़न आपके हृदय की आवाज़ होना चाहिए, किसी और की अपेक्षा नहीं।

आत्मचिंतन अभ्यास

अभ्यास 1 : दस वर्ष बाद

अपने जीवन की कल्पना कीजिए और विस्तार से लिखिए—

- मैं कहाँ हूँ ?
- मैं क्या कर रहा हूँ ?
- मैं कैसा महसूस कर रहा हूँ ?

अभ्यास 2 : जीवन के सात क्षेत्र

प्रत्येक क्षेत्र के लिए अपना आदर्श भविष्य लिखिए।

अभ्यास 3 : विज़न बोर्ड

एक चार्ट पेपर या डिजिटल बोर्ड बनाइए और उस पर अपने सपनों, लक्ष्यों और प्रेरणादायक चित्रों को लगाइए।

अध्याय सारांश

- विज़न जीवन की बड़ी तस्वीर है।
- स्पष्ट विज़न दिशा और प्रेरणा प्रदान करता है।
- लक्ष्य विज़न को वास्तविकता में बदलने के साधन हैं।
- विज़न बोर्ड और लिखित विज़न स्पष्टता बढ़ाते हैं।
- रोडमैप बड़े सपनों को व्यावहारिक कदमों में बदलता है।

स्वयं से पूछिए—

✓ क्या मैंने अपने जीवन का उद्देश्य पहचानना शुरू कर दिया है ?

✓ क्या मेरे लक्ष्य स्पष्ट हैं ?

✓ क्या मैं अपने भविष्य की एक प्रेरणादायक तस्वीर देख सकता हूँ ?

✓ क्या मैंने अपने जीवन का प्रारंभिक विज़न लिख लिया है ?

यदि आपका उत्तर "हाँ" है, तो अब आपके पास दिशा भी है और मंज़िल भी।

आज का कार्य

अपने जीवन के लिए एक पृष्ठ का "भविष्य का पत्र" लिखिए।

कल्पना कीजिए कि दस वर्ष बाद का आपका सफल स्वरूप आज के आपको पत्र लिख रहा है।

वह आपको क्या सलाह देगा?

याद रखिए— "जिस व्यक्ति के पास स्पष्ट विज़न होता है, वह परिस्थितियों का शिकार नहीं बनता; वह अपने भविष्य का निर्माता बन जाता है।"

अध्याय 10 : छोटी आदतों की बड़ी शक्ति

भूमिका

यदि आप किसी सफल व्यक्ति को ध्यान से देखें, तो आपको उसकी सफलता किसी एक बड़े निर्णय या किसी चमत्कार का परिणाम नहीं लगेगी। उसके पीछे वर्षों तक दोहराई गई छोटी-छोटी आदतें होती हैं।

हम अक्सर सोचते हैं कि जीवन में बड़ा परिवर्तन लाने के लिए बड़े कदम उठाने होंगे। लेकिन वास्तविकता इसके विपरीत है। जीवन में अधिकांश बड़े परिवर्तन छोटे, लगातार और अनुशासित कार्यों का परिणाम होते हैं।

एक विशाल वृक्ष भी कभी एक छोटा बीज था। उसी प्रकार बड़ी सफलता भी छोटी आदतों से शुरू होती है।

हर दिन किए गए छोटे कार्य समय के साथ मिलकर असाधारण परिणाम पैदा करते हैं।

आदत क्या है?

आदत वह कार्य है जिसे हम बार-बार दोहराते हैं, यहाँ तक कि वह हमारे व्यवहार का स्वाभाविक हिस्सा बन जाता है।

सुबह उठते ही मोबाइल देखना, चाय पीना, व्यायाम करना, पुस्तक पढ़ना,शराब पीना या देर रात तक जागना—ये सभी आदतों के उदाहरण हैं।

शुरुआत में हम आदत बनाते हैं, लेकिन समय के साथ आदतें हमें बनाती हैं।

हमारा वर्तमान जीवन काफी हद तक हमारी दैनिक आदतों का परिणाम है।

आदतों का विज्ञान

मनोवैज्ञानिकों के अनुसार अधिकांश आदतें एक सरल चक्र का पालन करती हैं—

संकेत (Cue)

कोई स्थिति या घटना जो आदत शुरू करती है।

क्रिया (Routine)

वह व्यवहार जो हम करते हैं।

पुरस्कार (Reward)

वह लाभ या संतुष्टि जो हमें मिलती है।

उदाहरण:

- तनाव (संकेत)
- सोशल मीडिया खोलना (क्रिया)
- अस्थायी मनोरंजन (पुरस्कार)

इसी प्रकार अच्छी आदतें भी इसी प्रक्रिया से विकसित होती हैं।

छोटी आदतों का बड़ा प्रभाव

कल्पना कीजिए कि आप प्रतिदिन केवल 10 पृष्ठ पढ़ते हैं।

एक वर्ष में आप लगभग 3,600 से अधिक पृष्ठ पढ़ सकते हैं।

यह लगभग 10 से 15 पुस्तकों के बराबर है।

इसी प्रकार—

- प्रतिदिन 20 मिनट व्यायाम
- प्रतिदिन 15 मिनट ध्यान
- प्रतिदिन 30 मिनट सीखना

कुछ वर्षों में आपके जीवन की दिशा बदल सकते हैं।

सफलता आदतों का परिणाम है

लोग अक्सर सफलता को लक्ष्य के रूप में देखते हैं।

लेकिन सफलता वास्तव में आदतों का परिणाम है।

यदि आप स्वस्थ बनना चाहते हैं, तो स्वास्थ्य एक लक्ष्य नहीं, बल्कि दैनिक आदतों का परिणाम है।

यदि आप आर्थिक रूप से मजबूत बनना चाहते हैं, तो यह वित्तीय अनुशासन की आदतों का परिणाम है।

यदि आप एक प्रभावशाली नेता बनना चाहते हैं, तो यह सीखने, सुनने और निरंतर सुधार की आदतों का परिणाम है।

अच्छी आदतें बनाना

1. बहुत छोटा शुरू करें

अधिकांश लोग शुरुआत में बहुत बड़े लक्ष्य बना लेते हैं।

उदाहरण:

✗ प्रतिदिन 2 घंटे व्यायाम करूँगा।

✓ प्रतिदिन 10 मिनट चलूँगा।

छोटी शुरुआत लंबे समय तक टिकती है।

---

2. आदत को स्पष्ट बनाइए

अस्पष्ट संकल्प अक्सर असफल हो जाते हैं।

✗ मैं अधिक पढ़ूँगा।

✓ मैं रात 9 बजे 15 मिनट पुस्तक पढ़ूँगा।

---

3. आदत को आसान बनाइए

यदि आप सुबह व्यायाम करना चाहते हैं, तो रात में ही अपने जूते और कपड़े तैयार रखें।

जितनी कम बाधाएँ होंगी, आदत उतनी आसानी से बनेगी।

---

4. नियमितता पर ध्यान दें

शुरुआत में पूर्णता नहीं, निरंतरता महत्वपूर्ण है।

एक दिन में 100 पुश-अप करने से अधिक लाभदायक है प्रतिदिन 10 पुश-अप करना।

बुरी आदतें छोड़ना-

अच्छी आदतें बनाना जितना महत्वपूर्ण है, उतना ही महत्वपूर्ण है बुरी आदतों को छोड़ना।

पहला कदम: पहचान

अपनी उन आदतों की सूची बनाइए जो आपकी प्रगति में बाधा बन रही हैं।

दूसरा कदम: कारण समझें

हर बुरी आदत के पीछे कोई कारण होता है—

- तनाव
- बोरियत
- अकेलापन
- टालमटोल

कारण समझे बिना आदत बदलना कठिन है।

तीसरा कदम: विकल्प अपनाएँ

उदाहरण:

- तनाव में मोबाइल चलाने के बजाय 5 मिनट टहलना।
- टीवी देखने के बजाय 10 पृष्ठ पढ़ना।

आदत और पहचान

आदत परिवर्तन का सबसे शक्तिशाली तरीका अपनी पहचान बदलना है।

मत कहिए—

"मैं पुस्तक पढ़ने की कोशिश कर रहा हूँ।"

कहिए—

"मैं एक पाठक हूँ।"

मत कहिए—

"मैं व्यायाम करने की कोशिश कर रहा हूँ।"

कहिए—

"मैं अपने स्वास्थ्य का ध्यान रखने वाला व्यक्ति हूँ।"

जब पहचान बदलती है, तो व्यवहार भी बदलने लगता है।

मेरे जीवन का अनुभव

मैंने अपने कार्यक्षेत्र में ऐसे अनेक लोगों को देखा है जो सीमित संसाधनों के बावजूद आगे बढ़े।

उनकी सफलता का कारण असाधारण प्रतिभा नहीं था।

उनकी सफलता का कारण था—

- समय पर पहुँचना,
- निरंतर सीखना,

- लोगों का सम्मान करना,
- जिम्मेदारी निभाना,
- और हार न मानना।

ये सभी आदतें थीं।

धीरे-धीरे इन्हीं आदतों ने उनके व्यक्तित्व और जीवन को बदल दिया।

प्रेरक कहानी : एक बूंद का प्रभाव

एक व्यक्ति प्रतिदिन एक पत्थर के ऊपर पानी की एक बूंद गिरते हुए देखता था।

वर्षों बाद उसने देखा कि कठोर पत्थर पर भी निशान बन गया है।

वह आश्चर्यचकित हुआ।

उसे समझ आया कि शक्ति केवल बल में नहीं, बल्कि निरंतरता में भी होती है।

जीवन में भी छोटी आदतें ऐसी ही होती हैं।

वे तुरंत परिणाम नहीं देतीं, लेकिन समय के साथ असाधारण परिवर्तन पैदा करती हैं।

30-दिन आदत चुनौती

अगले 30 दिनों के लिए एक सकारात्मक आदत चुनिए।

उदाहरण:

- प्रतिदिन 20 मिनट पढ़ना
- प्रतिदिन 15 मिनट व्यायाम
- प्रतिदिन 10 मिनट ध्यान
- प्रतिदिन एक नया विचार लिखना

हर दिन कैलेंडर पर ✔ का निशान लगाइए।

आपका लक्ष्य केवल एक है—

श्रृंखला को टूटने मत दीजिए।

आत्मचिंतन अभ्यास

अभ्यास 1

अपनी पाँच अच्छी और पाँच बुरी आदतों की सूची बनाइए।

अभ्यास 2

एक ऐसी आदत चुनिए जो आपके जीवन पर सबसे अधिक सकारात्मक प्रभाव डाल सकती है।

अभ्यास 3

उस आदत के लिए 30-दिन की कार्ययोजना बनाइए।

अध्याय सारांश

- जीवन की दिशा हमारी दैनिक आदतों से तय होती है।
- छोटी आदतें समय के साथ बड़े परिणाम देती हैं।
- अच्छी आदतें संकेत, क्रिया और पुरस्कार के चक्र से बनती हैं।

- निरंतरता पूर्णता से अधिक महत्वपूर्ण है।
- पहचान आधारित आदत परिवर्तन सबसे प्रभावी होता है।

आज का कार्य

आज से एक ऐसी छोटी आदत शुरू कीजिए जिसे आप अगले 30 दिनों तक बिना रुके जारी रख सकें।

याद रखिए—

"आपका भविष्य उन निर्णयों से नहीं बनता जो आप कभी-कभी लेते हैं, बल्कि उन आदतों से बनता है जिन्हें आप हर दिन दोहराते हैं।"

अध्याय 11 : अनुशासन बनाम प्रेरणा

भूमिका

अधिकांश लोग सफलता के बारे में सोचते समय प्रेरणा (Motivation) की बात करते हैं। वे प्रेरणादायक वीडियो देखते हैं, भाषण सुनते हैं, पुस्तकें पढ़ते हैं और कुछ समय के लिए उत्साहित हो जाते हैं।

लेकिन कुछ दिनों बाद वही उत्साह कम हो जाता है और वे फिर पुरानी आदतों में लौट जाते हैं।

यहीं पर एक महत्वपूर्ण प्रश्न सामने आता है—

यदि प्रेरणा इतनी शक्तिशाली है, तो अधिकांश लोग अपने लक्ष्य क्यों नहीं प्राप्त कर पाते ?

उत्तर है—क्योंकि प्रेरणा शुरुआत करवा सकती है, लेकिन मंज़िल तक पहुँचाने का काम अनुशासन करता है,प्रेरणा आपको दौड़ शुरू करने के लिए प्रेरित करती है, लेकिन अनुशासन आपको दौड़ पूरी करने की शक्ति देता है।

प्रेरणा क्या है?

प्रेरणा वह भावना है जो हमें किसी कार्य को शुरू करने के लिए उत्साहित करती है।

जब आप कोई प्रेरक कहानी सुनते हैं, कोई लक्ष्य निर्धारित करते हैं या कोई नया सपना देखते हैं, तो आपके भीतर ऊर्जा और उत्साह पैदा होता है।

यह प्रेरणा है।

प्रेरणा महत्वपूर्ण है क्योंकि यह परिवर्तन की शुरुआत करती है।

लेकिन प्रेरणा की एक सीमा है—

यह हमेशा स्थिर नहीं रहती।

कुछ दिनों में आप ऊर्जावान महसूस करेंगे।

कुछ दिनों में नहीं।

यदि आपका जीवन केवल प्रेरणा पर आधारित है, तो आपकी प्रगति भी अस्थिर होगी।

अनुशासन क्या है ?

अनुशासन वह क्षमता है जिसके द्वारा आप सही कार्य करते हैं, चाहे आपका मन करे या न करे।

अनुशासन कहता है—

थकान है, फिर भी अभ्यास करो।

मन नहीं है, फिर भी पढ़ो।

कठिनाई है, फिर भी आगे बढ़ो।

परिणाम नहीं दिख रहे, फिर भी प्रयास जारी रखो।

अनुशासन भावनाओं पर निर्भर नहीं करता।

यह प्रतिबद्धता पर आधारित होता है।

प्रेरणा और अनुशासन में अंतर

प्रेरणा	**अनुशासन**
भावना पर आधारित	निर्णय पर आधारित
अस्थायी	स्थायी
शुरुआत करवाती है	निरंतरता बनाए रखता है
बाहरी प्रभाव से आती है	भीतर से विकसित होता है
उतार-चढ़ाव होता है	स्थिर रहता है

सफल लोग प्रेरणा का इंतजार नहीं करते।

वे अनुशासन के आधार पर कार्य करते हैं।

प्रेरणा क्यों कम हो जाती है ?

मानव मस्तिष्क नई चीज़ों को लेकर उत्साहित होता है।

लेकिन समय के साथ वह उत्साह कम हो जाता है।

इसे समझना महत्वपूर्ण है।

यदि आपने यह मान लिया कि प्रेरणा हमेशा बनी रहेगी, तो आप निराश हो सकते हैं।

वास्तविक विकास तब होता है जब आप प्रेरणा समाप्त होने के बाद भी कार्य करना जारी रखते हैं।

अनुशासन सफलता की असली कुंजी क्यों है ?

कल्पना कीजिए दो व्यक्तियों की।

पहला व्यक्ति केवल तब कार्य करता है जब उसका मन करता है।

दूसरा व्यक्ति नियमित रूप से कार्य करता है, चाहे उसका मन करे या नहीं।

एक वर्ष बाद कौन अधिक प्रगति करेगा ?

स्पष्ट रूप से दूसरा व्यक्ति।

क्योंकि निरंतर प्रयास हमेशा अनियमित उत्साह से अधिक प्रभावी होता है।

अनुशासन कैसे विकसित करें?

1. छोटे वादे करें

शुरुआत में बड़े संकल्प मत लीजिए।

ऐसे वादे कीजिए जिन्हें आप निभा सकें।

उदाहरण:

- प्रतिदिन 10 मिनट पढ़ना।
- प्रतिदिन 15 मिनट चलना।
- प्रतिदिन एक पृष्ठ लिखना।

जब आप अपने छोटे वादे निभाते हैं, तो आत्मविश्वास और अनुशासन दोनों बढ़ते हैं।

---

2. दिनचर्या बनाइए

सफल लोग निर्णय लेने में ऊर्जा बर्बाद नहीं करते।

वे दिनचर्या बनाते हैं।

यदि हर दिन पढ़ने, व्यायाम करने या सीखने का निश्चित समय है, तो कार्य करना आसान हो जाता है।

---

3. परिणाम नहीं, प्रक्रिया पर ध्यान दें

यदि आप केवल परिणाम पर ध्यान देंगे, तो जल्दी निराश हो सकते हैं।

लेकिन यदि आप प्रक्रिया पर ध्यान देंगे, तो आप लंबे समय तक टिक पाएँगे।

उदाहरण:

❌ मुझे 10 किलो वजन कम करना है।

✅ मुझे प्रतिदिन 30 मिनट व्यायाम करना है।

---

4. स्वयं को जवाबदेह बनाइए

अपने लक्ष्यों को लिखिए।

अपनी प्रगति दर्ज कीजिए।

किसी मित्र, मार्गदर्शक या परिवार के सदस्य के साथ अपनी प्रतिबद्धता साझा कीजिए।

जवाबदेही अनुशासन को मजबूत करती है।

कठिन दिनों का महत्व

अनुशासन की असली परीक्षा अच्छे दिनों में नहीं होती।

वह उन दिनों में होती है जब—

- मन नहीं करता,
- थकान होती है,
- परिणाम नहीं दिखते,
- परिस्थितियाँ अनुकूल नहीं होतीं।

यही वे दिन हैं जो आपके चरित्र का निर्माण करते हैं।

मेरे अनुभव से

समुदाय विकास, शिक्षा और प्रशिक्षण के क्षेत्र में काम करते हुए मैंने देखा है कि लंबे समय तक सफल होने वाले लोग सबसे अधिक प्रतिभाशाली नहीं होते।

वे सबसे अधिक अनुशासित होते हैं।

वे समय पर पहुँचते हैं।

वे अपने वादे निभाते हैं।

वे लगातार सीखते रहते हैं।

वे कठिन परिस्थितियों में भी अपने दायित्वों से पीछे नहीं हटते।

यही आदतें धीरे-धीरे उन्हें अलग पहचान देती हैं।

प्रेरक कहानी : किसान का अनुशासन

एक किसान प्रतिदिन अपने खेत में जाता था।

वह केवल उन दिनों काम नहीं करता था जब उसे प्रेरणा महसूस होती थी।

वह हर दिन जाता था।

कुछ दिन मौसम अच्छा होता था।

कुछ दिन नहीं।

लेकिन वह निरंतर अपने कार्य में लगा रहता था।

फसल एक दिन में नहीं उगी।

लेकिन उसके अनुशासन ने समय के साथ उसे भरपूर परिणाम दिए।

जीवन में सफलता भी ऐसी ही होती है।

आत्मचिंतन अभ्यास

अभ्यास 1

ऐसे तीन कार्य लिखिए जिन्हें आप केवल प्रेरणा के आधार पर करते हैं।

अभ्यास 2

ऐसी एक आदत चुनिए जिसे आप अगले 30 दिनों तक अनुशासन के साथ निभाएँगे।

अभ्यास 3

अपनी दैनिक दिनचर्या लिखिए और उसमें एक सुधार जोड़िए।

अनुशासन प्रतिज्ञा

आज स्वयं से यह वचन लें—

> "मैं केवल तब कार्य नहीं करूँगा जब मेरा मन करेगा।
>
> मैं अपने लक्ष्यों और मूल्यों के प्रति प्रतिबद्ध रहूँगा।
>
> मैं प्रेरणा का स्वागत करूँगा, लेकिन सफलता के लिए अनुशासन पर भरोसा करूँगा।"

अध्याय सारांश

- प्रेरणा शुरुआत करवाती है, अनुशासन निरंतरता बनाए रखता है।
- प्रेरणा अस्थायी है, अनुशासन स्थायी है।
- छोटे वादे और नियमित दिनचर्या अनुशासन विकसित करते हैं।
- कठिन दिनों में किया गया कार्य चरित्र का निर्माण करता है।
- सफलता भावनाओं से नहीं, निरंतर कार्य से प्राप्त होती है।

आज का कार्य

एक ऐसा कार्य चुनिए जिसे आप लंबे समय से टाल रहे हैं।

प्रेरणा की प्रतीक्षा मत कीजिए।

आज ही उसके लिए 15 मिनट का समय निर्धारित कीजिए और शुरुआत कीजिए।

याद रखिए—

"सफल लोग वह काम भी कर लेते हैं जो उन्हें उस समय करने का मन नहीं होता, क्योंकि वे जानते हैं कि उनका भविष्य उनकी वर्तमान भावनाओं से अधिक महत्वपूर्ण है।"

अध्याय 12 : समय प्रबंधन

भूमिका

दुनिया में यदि कोई ऐसी संपत्ति है जो सभी लोगों को समान मात्रा में मिलती है, तो वह है—**समय।**

चाहे कोई विद्यार्थी हो, किसान हो, वैज्ञानिक हो, उद्योगपति हो या प्रधानमंत्री—हर व्यक्ति को प्रतिदिन केवल 24 घंटे ही मिलते हैं।

फिर ऐसा क्यों है कि कुछ लोग असाधारण उपलब्धियाँ प्राप्त कर लेते हैं, जबकि कुछ लोग हमेशा समय की कमी की शिकायत करते रहते हैं ?

इसका उत्तर समय की मात्रा में नहीं, बल्कि उसके उपयोग में छिपा है।

समय वह संसाधन है जिसे एक बार खो देने के बाद वापस नहीं पाया जा सकता। पैसा खोकर वापस कमाया जा सकता है, लेकिन

बीता हुआ समय कभी लौटकर नहीं आता।

इसीलिए कहा गया है—

"समय जीवन है। जो समय को बर्बाद करता है, वह अपने जीवन को बर्बाद करता है।"

समय का वास्तविक मूल्य

अक्सर लोग समय को तब तक महत्व नहीं देते जब तक वह उनके हाथ से निकल नहीं जाता।

एक विद्यार्थी परीक्षा से पहले समय का महत्व समझता है।

एक रोगी स्वस्थ दिनों का महत्व समझता है। एक बुजुर्ग व्यक्ति अपने बीते वर्षों को देखकर समय की कीमत समझता है।

सच्चाई यह है कि हमारा जीवन वर्षों से नहीं, बल्कि उन क्षणों से बनता है जिनका हम उपयोग करते हैं।

हर दिन हमारे पास 86,400 सेकंड होते हैं।

प्रश्न यह नहीं है कि हमारे पास कितना समय है।

प्रश्न यह है कि हम उसका उपयोग कैसे कर रहे हैं।

व्यस्त होना और उत्पादक होना अलग है

आज की दुनिया में लोग अक्सर कहते हैं—

"मैं बहुत व्यस्त हूँ।"

लेकिन व्यस्त होना और उत्पादक होना एक जैसी बात नहीं है।

व्यस्त व्यक्ति

- लगातार कार्य करता है।
- हर काम के लिए "हाँ" कहता है।
- दिनभर व्यस्त रहता है।

- लेकिन महत्वपूर्ण कार्य पूरे नहीं कर पाता।

उत्पादक व्यक्ति

- प्राथमिकताएँ तय करता है।
- महत्वपूर्ण कार्यों पर ध्यान देता है।
- कम कार्य करता है लेकिन सही कार्य करता है।

याद रखिए—

सफलता अधिक काम करने से नहीं, बल्कि सही काम करने से मिलती है।

प्राथमिकताओं की शक्ति

हर कार्य समान महत्व का नहीं होता।

कुछ कार्य हमारे भविष्य को प्रभावित करते हैं, जबकि कुछ केवल समय लेते हैं।

अपने आप से पूछिए—

- क्या यह कार्य वास्तव में महत्वपूर्ण है ?
- क्या यह मुझे मेरे लक्ष्य के करीब ले जाएगा ?
- क्या यह अभी करना आवश्यक है ?

यदि उत्तर "नहीं" है, तो शायद वह कार्य आपकी प्राथमिकता नहीं है।

80/20 का सिद्धांत

इसे पैरेटो सिद्धांत भी कहा जाता है।

इसका अर्थ है—

आपके 20% प्रयास आपके 80% परिणाम उत्पन्न करते हैं।

उदाहरण:

- कुछ महत्वपूर्ण ग्राहक अधिकांश आय लाते हैं।
- कुछ आदतें अधिकांश सफलता लाती हैं।
- कुछ कार्य अधिकांश परिणाम पैदा करते हैं।

इसलिए पहचानिए कि आपके जीवन के सबसे महत्वपूर्ण 20% कार्य कौन-से हैं।

टालमटोल (Procrastination) का जाल

टालमटोल समय प्रबंधन का सबसे बड़ा शत्रु है।

हम सोचते हैं—

- कल से शुरू करूँगा।
- अगले सप्ताह कर लूँगा।
- अभी सही समय नहीं है।

लेकिन "कल" अक्सर कभी नहीं आता।

टालमटोल का कारण आलस्य नहीं होता।

अक्सर इसके पीछे—

- असफलता का डर
- पूर्णता की चाह
- अस्पष्ट लक्ष्य
- आत्मविश्वास की कमी होती है।

टालमटोल से कैसे बचें ?

1. पाँच मिनट नियम

अपने आप से कहिए—

"मैं केवल पाँच मिनट के लिए यह कार्य करूँगा।"

अधिकांश मामलों में शुरुआत होते ही आप कार्य जारी रखेंगे।

---

2. बड़े कार्य को छोटे भागों में बाँटें

उदाहरण:

यदि आपको 100 पृष्ठों की रिपोर्ट लिखनी है, तो केवल पहला पृष्ठ लिखने पर ध्यान दें।

---

3. समय निर्धारित करें

कार्य के लिए स्पष्ट समय तय करें ।

❌ मैं कभी भी पढ़ूँगा।

✅ मैं रात 8 से 8:30 बजे तक पढ़ूँगा।

दैनिक योजना की शक्ति

दिन की शुरुआत योजना के साथ करें।

हर सुबह या पिछली रात तीन सबसे महत्वपूर्ण कार्य लिखें।

इन्हें "आज की तीन प्राथमिकताएँ" कह सकते हैं।

यदि आपने केवल ये तीन कार्य पूरे कर लिए, तो आपका दिन सफल माना जा सकता है।

समय प्रबंधन की व्यावहारिक तकनीकें

1. टाइम ब्लॉकिंग

अपने दिन को अलग-अलग समय खंडों में बाँटिए।

उदाहरण:

- 6:00–7:00 व्यायाम
- 9:00–11:00 महत्वपूर्ण कार्य
- 11:00–11:30 ईमेल

---

2. पोमोडोरो तकनीक

- 25 मिनट काम
- 5 मिनट विश्राम

चार चक्रों के बाद लंबा विश्राम।

यह ध्यान केंद्रित रखने में बहुत प्रभावी है।

---

3. "पहले कठिन कार्य" सिद्धांत

दिन की शुरुआत सबसे महत्वपूर्ण या कठिन कार्य से करें।

इससे मानसिक ऊर्जा का सर्वोत्तम उपयोग होता है।

ना कहना सीखें

समय प्रबंधन केवल यह नहीं है कि आप क्या करते हैं।

यह भी है कि आप क्या नहीं करते।

हर अवसर अच्छा अवसर नहीं होता।

हर अनुरोध स्वीकार करना आवश्यक नहीं होता।

कभी-कभी अपने लक्ष्यों की रक्षा के लिए विनम्रता से "ना" कहना आवश्यक होता है।

डिजिटल युग की चुनौती

आज सोशल मीडिया, लगातार आने वाले संदेश और अनंत मनोरंजन विकल्प हमारे ध्यान को खंडित कर रहे हैं।

अपने आप से पूछिए—

- मैं प्रतिदिन स्क्रीन पर कितना समय बिताता हूँ?
- क्या यह समय मेरे लक्ष्यों के अनुरूप है?

यदि नहीं, तो छोटे बदलाव शुरू करें।

उदाहरण:

- सुबह उठते ही मोबाइल न देखें।
- अध्ययन या कार्य के समय नोटिफिकेशन बंद रखें।
- सोशल मीडिया के लिए निश्चित समय तय करें।

प्रेरक कहानी : रेत, कंकड़ और पत्थर

एक शिक्षक ने एक खाली जार लिया।

उसमें बड़े पत्थर डाले और छात्रों से पूछा—

"क्या जार भर गया?"

सबने कहा—हाँ।

फिर उसने कंकड़ डाले।

वे पत्थरों के बीच की जगह में भर गए।

फिर उसने रेत डाली।

वह भी खाली स्थानों में भर गई।

शिक्षक ने कहा—

"यदि मैं पहले रेत भर देता, तो बड़े पत्थरों के लिए जगह नहीं बचती।"

जीवन भी ऐसा ही है।

बड़े पत्थर आपके सबसे महत्वपूर्ण लक्ष्य हैं।

> यदि आप पहले छोटी-छोटी बातों में समय खर्च कर देंगे, तो महत्वपूर्ण चीज़ों के लिए समय नहीं बचेगा।

मेरे समय का लेखा-जोखा

अगले सात दिनों तक हर घंटे का रिकॉर्ड रखिए।

लिखिए—

मैंने समय कहाँ बिताया ?

कौन-सा समय उपयोगी था ?

कहाँ समय व्यर्थ गया ?

यह अभ्यास आपको वास्तविकता दिखाएगा।

आत्मचिंतन अभ्यास

अभ्यास 1

अपने जीवन के पाँच सबसे महत्वपूर्ण कार्यों की सूची बनाइए।

अभ्यास 2

एक सप्ताह का समय-विश्लेषण कीजिए।

अभ्यास 3

अपने दिन की तीन प्रमुख प्राथमिकताएँ लिखने की आदत शुरू कीजिए।

अध्याय सारांश

समय जीवन की सबसे मूल्यवान संपत्ति है।

व्यस्त होना और उत्पादक होना अलग बातें हैं।

प्राथमिकताएँ सफलता की कुंजी हैं ।

टालमटोल प्रगति का सबसे बड़ा शत्रु है।

योजना और अनुशासन समय का सर्वोत्तम उपयोग सुनिश्चित करते हैं।

परिवर्तन चेकपॉइंट – भाग 4

स्वयं से पूछिए—

✓ क्या मेरी दैनिक आदतें मेरे लक्ष्यों के अनुरूप हैं ?

✓ क्या मैं प्रेरणा के बजाय अनुशासन पर अधिक भरोसा करने लगा हूँ ?

✓ क्या मैं अपनी प्राथमिकताएँ स्पष्ट रूप से पहचान सकता हूँ ?

✓ क्या मैं अपने समय का बेहतर उपयोग कर रहा हूँ ?

यदि उत्तर "हाँ" है, तो आप सफलता की मजबूत नींव बना रहे हैं।

आज का कार्य

आज रात सोने से पहले कल के तीन सबसे महत्वपूर्ण कार्य लिखिए।

कल सुबह सबसे पहले उन्हीं पर काम शुरू कीजिए।

याद रखिए—

"आप अपने समय का प्रबंधन नहीं करते, बल्कि अपने निर्णयों का प्रबंधन करते हैं। और वही निर्णय आपके भविष्य का निर्माण करते हैं।"

अध्याय 13 : स्वास्थ्य और ऊर्जा

भूमिका

यदि किसी व्यक्ति के पास धन, पद, प्रतिष्ठा और उपलब्धियाँ हों, लेकिन उसका स्वास्थ्य अच्छा न हो, तो वह उन उपलब्धियों का पूरा आनंद नहीं ले सकता।

इसी प्रकार यदि शरीर स्वस्थ हो लेकिन मन तनाव, चिंता और नकारात्मकता से भरा हो, तो जीवन में संतुलन नहीं रह सकता।

हम अक्सर सफलता की खोज में स्वास्थ्य को पीछे छोड़ देते हैं। हम सोचते हैं कि पहले लक्ष्य प्राप्त कर लें, बाद में स्वास्थ्य का ध्यान रखेंगे। लेकिन वास्तविकता यह है कि स्वास्थ्य और ऊर्जा सफलता की यात्रा के साधन नहीं, बल्कि उसकी नींव हैं।

एक कमजोर शरीर और थका हुआ मन लंबे समय तक किसी बड़े लक्ष्य का भार नहीं उठा सकते।

इसलिए सम्पूर्ण परिवर्तन की यात्रा में स्वास्थ्य और ऊर्जा को प्राथमिकता देना आवश्यक है।

स्वास्थ्य का वास्तविक अर्थ

बहुत से लोग स्वास्थ्य को केवल बीमारी न होने की स्थिति मानते हैं।

लेकिन स्वास्थ्य इससे कहीं अधिक व्यापक है।

सच्चा स्वास्थ्य तीन स्तंभों पर आधारित है—

1. शारीरिक स्वास्थ्य

शरीर की शक्ति, सहनशक्ति और कार्यक्षमता।

2. मानसिक स्वास्थ्य

विचारों, भावनाओं और तनाव को संतुलित रखने की क्षमता।

3. भावनात्मक स्वास्थ्य

स्वयं और दूसरों के साथ स्वस्थ संबंध बनाने की क्षमता।

जब ये तीनों संतुलित होते हैं, तब व्यक्ति वास्तव में स्वस्थ माना जा सकता है।

शरीर : सफलता का वाहन

कल्पना कीजिए कि आपको लंबी यात्रा करनी है।

यदि आपका वाहन ही ठीक नहीं है, तो यात्रा कठिन हो जाएगी।

जीवन की यात्रा में आपका शरीर वही वाहन है।

आप अपने शरीर के साथ जैसा व्यवहार करेंगे, वैसा ही परिणाम प्राप्त करेंगे।

इसलिए—

- पर्याप्त नींद लें।

- संतुलित भोजन करें।
- नियमित व्यायाम करें।
- पानी पर्याप्त मात्रा में पिएँ।
- नशे और हानिकारक आदतों से दूर रहें।

ये साधारण बातें लग सकती हैं, लेकिन दीर्घकालिक सफलता का आधार यही हैं।

ऊर्जा का महत्व

कई लोग समय प्रबंधन सीखते हैं, लेकिन ऊर्जा प्रबंधन को भूल जाते हैं।

सच्चाई यह है कि केवल समय होना पर्याप्त नहीं है।

यदि आपके पास ऊर्जा नहीं है, तो आप समय का उपयोग भी नहीं कर पाएँगे।

उदाहरण:

दो व्यक्तियों के पास समान 24 घंटे हैं।

लेकिन जो व्यक्ति अधिक ऊर्जावान है, वह अधिक प्रभावी ढंग से कार्य कर सकता है।

इसलिए प्रश्न केवल यह नहीं है कि आपके पास कितना समय है।

प्रश्न यह भी है कि आपके पास कितनी ऊर्जा है।

नींद : सफलता का अदृश्य आधार

आज की तेज़ जीवनशैली में लोग नींद को महत्व नहीं देते।

वे सोचते हैं कि कम सोकर अधिक काम किया जा सकता है।

लेकिन अनुसंधान लगातार यह बताते हैं कि पर्याप्त और गुणवत्तापूर्ण नींद—

- स्मरण शक्ति बढ़ाती है।
- निर्णय लेने की क्षमता सुधारती है।
- तनाव कम करती है।
- शारीरिक स्वास्थ्य बेहतर बनाती है।

नींद कोई विलासिता नहीं है।

यह आवश्यकता है।

भोजन : शरीर का ईंधन

जिस प्रकार वाहन को सही ईंधन चाहिए, उसी प्रकार शरीर को भी सही पोषण चाहिए।

अपने आप से पूछिए—

क्या मैं अपने शरीर को वह पोषण दे रहा हूँ जिसकी उसे आवश्यकता है ?

स्वस्थ भोजन का अर्थ महँगा भोजन नहीं है।

इसका अर्थ है—

- संतुलन
- गुणवत्ता
- संयम

छोटे-छोटे सुधार भी बड़ा अंतर ला सकते हैं।

व्यायाम : शरीर और मन दोनों के लिए

व्यायाम केवल वजन कम करने के लिए नहीं है।

यह ऊर्जा, आत्मविश्वास और मानसिक स्वास्थ्य को भी बेहतर बनाता है।

नियमित शारीरिक गतिविधि—

- तनाव कम करती है।
- ध्यान केंद्रित करने की क्षमता बढ़ाती है।
- मनोदशा को बेहतर बनाती है।
- आत्मविश्वास बढ़ाती है।

यदि आप शुरुआत कर रहे हैं, तो छोटे कदम उठाइए—

- 20 मिनट पैदल चलना
- हल्का योग
- स्ट्रेचिंग
- साइकिल चलाना

महत्वपूर्ण बात यह है कि आप नियमित रहें।

मानसिक स्वास्थ्य की आवश्यकता

शारीरिक स्वास्थ्य जितना महत्वपूर्ण है, मानसिक स्वास्थ्य भी उतना ही महत्वपूर्ण है।

आज की दुनिया में लोग जानकारी से घिरे हुए हैं, लेकिन शांति से दूर होते जा रहे हैं।

तनाव, चिंता और भावनात्मक दबाव जीवन का हिस्सा हैं।

लेकिन यदि उनका प्रबंधन न किया जाए, तो वे हमारी ऊर्जा और खुशी दोनों को प्रभावित कर सकते हैं।

मानसिक स्वास्थ्य के लिए पाँच आदतें

1. अपने विचारों पर ध्यान दें

आप दिनभर स्वयं से क्या कहते हैं?

नकारात्मक आत्मसंवाद ऊर्जा कम करता है।

सकारात्मक और यथार्थवादी सोच मानसिक शक्ति बढ़ाती है।

---

2. कृतज्ञता का अभ्यास करें

प्रतिदिन तीन ऐसी चीजें लिखिए जिनके लिए आप आभारी हैं।

यह अभ्यास मन को कमी से हटाकर उपलब्धियों और अवसरों पर केंद्रित करता है।

---

3. विश्राम के लिए समय निकालें

हर समय व्यस्त रहना उत्पादकता नहीं है।

विश्राम भी उतना ही महत्वपूर्ण है जितना कार्य।

---

4. प्रकृति से जुड़ें

प्रकृति मन को शांत करती है और मानसिक स्पष्टता प्रदान करती है।

---

5. आवश्यकता होने पर सहायता लें

यदि आप लंबे समय तक तनाव, चिंता या भावनात्मक कठिनाई महसूस कर रहे हैं, तो सहायता लेना समझदारी है।

सहायता माँगना कमजोरी नहीं, बल्कि जिम्मेदारी का संकेत है।

भावनात्मक ऊर्जा

कुछ लोग शारीरिक रूप से स्वस्थ होते हैं, लेकिन भावनात्मक रूप से थके हुए होते हैं।

इसका कारण अक्सर—

- अनसुलझे संबंध
- नकारात्मक वातावरण
- लगातार तनाव
- स्वयं के लिए समय की कमी हो सकता है।

अपनी भावनात्मक ऊर्जा की रक्षा करना सीखिए।

ऊर्जा बढ़ाने वाले लोग और गतिविधियाँ

अपने जीवन में उन लोगों और गतिविधियों की पहचान कीजिए जो आपको ऊर्जा देते हैं।

उदाहरण:

- परिवार के साथ समय
- प्रेरक पुस्तकें
- संगीत
- ध्यान
- व्यायाम
- सार्थक बातचीत

इनके लिए समय निकालना निवेश है, खर्च नहीं।

प्रेरक कहानी : लकड़हारा और कुल्हाड़ी

एक लकड़हारा पूरे दिन पेड़ काटता था, लेकिन उसकी गति धीरे-धीरे कम होती जा रही थी।

किसी ने उससे पूछा—

"तुम अपनी कुल्हाड़ी को तेज़ क्यों नहीं करते?"

उसने उत्तर दिया—

"मेरे पास समय नहीं है, मैं बहुत व्यस्त हूँ।"

यही गलती हम भी करते हैं।

हम लगातार काम करते रहते हैं, लेकिन स्वयं को पुनः ऊर्जावान बनाने के लिए समय नहीं निकालते।

स्वास्थ्य और आत्म-देखभाल हमारी "कुल्हाड़ी को तेज़" करने की प्रक्रिया है।

आत्मचिंतन अभ्यास

अभ्यास 1

अपने स्वास्थ्य को 1 से 10 के पैमाने पर अंक दें—

- शारीरिक स्वास्थ्य
- मानसिक स्वास्थ्य
- भावनात्मक स्वास्थ्य

अभ्यास 2

एक ऐसी आदत पहचानिए जो आपकी ऊर्जा कम करती है।

उसे बदलने की योजना बनाइए।

अभ्यास 3

अगले 30 दिनों के लिए एक स्वास्थ्य लक्ष्य लिखिए।

उदाहरण:

- प्रतिदिन 30 मिनट चलना
- रात 11 बजे से पहले सोना
- प्रतिदिन 8 गिलास पानी पीना

अध्याय सारांश

- स्वास्थ्य सफलता की नींव है।
- शारीरिक, मानसिक और भावनात्मक स्वास्थ्य समान रूप से महत्वपूर्ण हैं।
- ऊर्जा प्रबंधन समय प्रबंधन जितना ही आवश्यक है।
- नींद, भोजन और व्यायाम ऊर्जा के प्रमुख स्रोत हैं।
- मानसिक शांति और भावनात्मक संतुलन दीर्घकालिक सफलता के लिए आवश्यक हैं।

आज का कार्य

अपने स्वास्थ्य के लिए एक ऐसा निर्णय लें जिसे आप आज से ही लागू कर सकें।

यह निर्णय छोटा हो सकता है, लेकिन उसे लगातार निभाइए।

याद रखिए—

"आपका शरीर वह एकमात्र स्थान है जहाँ आपको पूरी जिंदगी रहना है। उसकी देखभाल करना कोई विकल्प नहीं, बल्कि जिम्मेदारी है।"

अध्याय 14 : संबंधों की शक्ति

भूमिका

मनुष्य एक सामाजिक प्राणी है। चाहे कोई कितना भी प्रतिभाशाली, शिक्षित या सफल क्यों न हो, वह अकेले जीवन की यात्रा पूरी नहीं कर सकता। हमारे जीवन की गुणवत्ता केवल हमारी उपलब्धियों से नहीं, बल्कि हमारे संबंधों की गुणवत्ता से भी निर्धारित होती है।

एक पुरानी कहावत है—

"यदि आप तेज़ जाना चाहते हैं, तो अकेले जाइए। यदि आप दूर तक जाना चाहते हैं, तो साथ चलिए।"

जीवन में ऐसे अनेक अवसर आते हैं जब ज्ञान, धन या पद से अधिक महत्वपूर्ण अच्छे संबंध साबित होते हैं। कठिन समय में हमारा साथ देने वाले लोग, हमारी सफलता पर खुश होने वाले लोग और हमारी गलतियों पर हमें सही दिशा दिखाने वाले लोग ही हमारी वास्तविक संपत्ति होते हैं।

इसलिए सम्पूर्ण परिवर्तन की यात्रा केवल स्वयं को बदलने तक सीमित नहीं है। यह दूसरों के साथ बेहतर संबंध बनाने की कला सीखने की यात्रा भी है।

संबंध क्यों महत्वपूर्ण हैं ?

जीवन के हर क्षेत्र में संबंधों की भूमिका होती है।

परिवार में

संबंध हमें प्रेम, सुरक्षा और भावनात्मक समर्थन देते हैं।

कार्यस्थल पर

संबंध सहयोग, विश्वास और अवसर प्रदान करते हैं।

समाज में

संबंध हमारी पहचान और प्रभाव को बढ़ाते हैं।

व्यक्तिगत विकास में

सकारात्मक लोग हमें बेहतर बनने के लिए प्रेरित करते हैं।

अनुसंधान भी बताते हैं कि मजबूत सामाजिक संबंध व्यक्ति की खुशी, मानसिक स्वास्थ्य और जीवन संतुष्टि को बढ़ाते हैं।

आपके आसपास के लोग आपका भविष्य बनाते हैं

एक प्रसिद्ध विचार है—

"आप उन पाँच लोगों का औसत बन जाते हैं जिनके साथ आप सबसे अधिक समय बिताते हैं।"

यदि आपके आसपास ऐसे लोग हैं जो—

- सकारात्मक सोच रखते हैं,
- सीखने की इच्छा रखते हैं,
- ईमानदार हैं,
- जिम्मेदार हैं,

तो उनका प्रभाव आपके जीवन पर भी पड़ेगा।

इसके विपरीत यदि आपका अधिकांश समय नकारात्मकता, शिकायत और निराशा से भरे लोगों के साथ बीतता है, तो उसका प्रभाव भी धीरे-धीरे आपके विचारों और व्यवहार पर दिखाई देगा।

इसलिए अपने वातावरण का चुनाव सावधानी से कीजिए।

संबंधों की नींव : विश्वास

हर मजबूत संबंध की नींव विश्वास पर टिकी होती है।

विश्वास एक दिन में नहीं बनता।

यह छोटे-छोटे कार्यों से विकसित होता है—

- वादे निभाना
- ईमानदार होना
- समय का सम्मान करना
- गोपनीयता बनाए रखना
- कठिन समय में साथ देना

विश्वास बनाने में वर्षों लग सकते हैं, लेकिन उसे खोने में केवल कुछ क्षण लगते हैं।

सुनने की कला

अधिकांश लोग अच्छे वक्ता बनना चाहते हैं।

लेकिन सफल संबंधों की शुरुआत अच्छे श्रोता बनने से होती है ।

जब आप किसी को ध्यान से सुनते हैं—

- आप उसका सम्मान करते हैं।
- आप उसे महत्व देते हैं।
- आप बेहतर समझ विकसित करते हैं।

सुनना केवल शब्द सुनना नहीं है।

सुनना है—

- समझना,
- महसूस करना,
- और बिना निर्णय दिए उपस्थित रहना।

प्रभावी संचार की शक्ति

अनेक समस्याएँ इसलिए उत्पन्न होती हैं क्योंकि लोग एक-दूसरे को सही ढंग से समझ नहीं पाते।

अच्छा संचार तीन बातों पर आधारित है—

1. स्पष्टता

जो कहना चाहते हैं, उसे स्पष्ट रूप से कहिए।

2. सम्मान

असहमति होने पर भी सम्मान बनाए रखिए।

3. सहानुभूति

दूसरे व्यक्ति के दृष्टिकोण को समझने का प्रयास कीजिए।

याद रखिए—

सही शब्द संबंध बना सकते हैं और गलत शब्द वर्षों पुराने संबंधों को नुकसान पहुँचा सकते हैं।

परिवार : आपकी पहली टीम

जीवन की सबसे महत्वपूर्ण सीखें अक्सर परिवार से मिलती हैं।

परिवार हमेशा पूर्ण नहीं होता।

मतभेद, चुनौतियाँ और संघर्ष हर परिवार में होते हैं।

लेकिन परिवार वह स्थान है जहाँ हमें स्वीकार्यता, सहयोग और अपनापन मिलता है।

अपने व्यस्त जीवन में परिवार के लिए समय निकालना एक निवेश है।

मित्रता का महत्व

सच्चे मित्र जीवन की सबसे बड़ी संपत्तियों में से एक होते हैं।

सच्चा मित्र—

- आपकी सफलता से खुश होता है।
- कठिन समय में साथ खड़ा रहता है।
- आपकी गलतियों पर ईमानदारी से सलाह देता है।
- आपके विकास की कामना करता है।

मित्रों की संख्या से अधिक महत्वपूर्ण उनकी गुणवत्ता होती है।

पेशेवर संबंध और नेटवर्किंग

आज के समय में केवल ज्ञान पर्याप्त नहीं है।

सार्थक संबंध भी आवश्यक हैं।

नेटवर्किंग का अर्थ केवल लोगों से मिलना नहीं है।

यह विश्वास और सहयोग पर आधारित संबंध बनाना है।

अच्छे पेशेवर संबंध—

- नए अवसर लाते हैं।
- सीखने के अवसर प्रदान करते हैं।
- सहयोग की संभावनाएँ बढ़ाते हैं।
- नेतृत्व क्षमता को मजबूत करते हैं।

नकारात्मक संबंधों से कैसे निपटें ?

हर संबंध सकारात्मक नहीं होता।

कुछ लोग लगातार—

- आलोचना करते हैं,
- निराशा फैलाते हैं,
- आपकी ऊर्जा कम करते हैं,
- आपके आत्मविश्वास को कमजोर करते हैं।

ऐसे लोगों के प्रति घृणा रखने की आवश्यकता नहीं है।

लेकिन स्वस्थ सीमाएँ (Boundaries) बनाना आवश्यक है।

सीमाएँ आत्म-सम्मान का संकेत हैं।

क्षमा की शक्ति

कभी-कभी संबंधों में चोट पहुँचती है।

लोग गलतियाँ करते हैं।

क्षमा का अर्थ यह नहीं है कि जो हुआ वह सही था।

क्षमा का अर्थ है कि आप अपने मन को क्रोध और कटुता के बोझ से मुक्त कर रहे हैं।

क्षमा सबसे पहले आपको मुक्त करती है।

नेतृत्व और संबंध

कोई भी व्यक्ति अकेले नेता नहीं बन सकता, नेतृत्व लोगों के माध्यम से कार्य करने की कला है।

एक प्रभावी नेता—

- सुनता है,
- प्रेरित करता है,
- सम्मान देता है,
- सहयोग को बढ़ावा देता है।

जो व्यक्ति संबंध बनाना सीख जाता है, वह नेतृत्व करना भी सीख जाता है।

मेरे अनुभव से

समुदाय विकास, शिक्षा और सामाजिक परिवर्तन के क्षेत्र में काम करते हुए मैंने एक महत्वपूर्ण बात सीखी है—

परियोजनाएँ केवल योजनाओं से सफल नहीं होतीं।

वे लोगों के सहयोग से सफल होती हैं।

कई बार सीमित संसाधनों के बावजूद मजबूत टीम और अच्छे संबंध असाधारण परिणाम लेकर आते हैं।

दूसरी ओर, उत्कृष्ट संसाधन भी कमजोर संबंधों के कारण अपेक्षित परिणाम नहीं दे पाते।

इसलिए लोगों को समझना और उनसे जुड़ना एक महत्वपूर्ण जीवन कौशल है।

प्रेरक कहानी : बाँस की लकड़ियाँ

एक पिता ने अपने पुत्रों को एक-एक बाँस की लकड़ी दी और उसे तोड़ने के लिए कहा।

उन्होंने आसानी से लकड़ी तोड़ दी।

फिर पिता ने कई लकड़ियों का एक बंडल बनाकर दिया।

इस बार कोई भी उसे नहीं तोड़ सका।

पिता ने कहा—

"अकेले होने पर तुम कमजोर हो सकते हो, लेकिन एकजुट होकर तुम अधिक मजबूत बन जाते हो।"

जीवन में भी यही सत्य है।

संबंध हमारी शक्ति को कई गुना बढ़ा देते हैं।

आत्मचिंतन अभ्यास

अभ्यास 1

अपने जीवन के पाँच सबसे महत्वपूर्ण लोगों की सूची बनाइए।

उनके नाम के सामने लिखिए—

- मैं उनसे क्या सीखता हूँ ?
- मैं उनके जीवन में क्या योगदान देता हूँ ?

अभ्यास 2

किसी ऐसे व्यक्ति को धन्यवाद संदेश भेजिए जिसने आपके जीवन में सकारात्मक प्रभाव डाला है।

अभ्यास 3

ऐसे एक संबंध की पहचान कीजिए जिसे सुधारने की आवश्यकता है।

उस दिशा में पहला कदम क्या हो सकता है ?

अध्याय सारांश

- संबंध जीवन की सबसे महत्वपूर्ण संपत्तियों में से एक हैं।
- सकारात्मक लोग हमारे विकास को प्रभावित करते हैं।
- विश्वास, सम्मान और संचार मजबूत संबंधों की नींव हैं ।
- परिवार, मित्र और पेशेवर नेटवर्क सभी महत्वपूर्ण हैं।
- नेतृत्व की सफलता अच्छे संबंधों पर आधारित होती है।

आज का कार्य

आज किसी एक व्यक्ति को समय दीजिए जो आपके जीवन में महत्वपूर्ण है।

उसे यह महसूस कराइए कि वह आपके लिए मूल्यवान है।

याद रखिए—

"जीवन के अंत में लोग आपकी संपत्ति नहीं, बल्कि आपके द्वारा बनाए गए संबंधों और छोड़े गए प्रभाव को याद रखते हैं।"

अध्याय 15 : आत्म-नेतृत्व

भूमिका

दुनिया में अनेक लोग दूसरों का नेतृत्व करने का सपना देखते हैं। वे चाहते हैं कि लोग उनकी बात सुनें, उनका सम्मान करें और उनके मार्गदर्शन का अनुसरण करें। लेकिन एक महत्वपूर्ण सत्य यह है कि जो व्यक्ति स्वयं का नेतृत्व नहीं कर सकता, वह दूसरों का नेतृत्व भी प्रभावी ढंग से नहीं कर सकता।

आत्म-नेतृत्व (Self-Leadership) वह कला है जिसमें व्यक्ति अपने विचारों, भावनाओं, आदतों और निर्णयों की जिम्मेदारी स्वयं लेता है। वह परिस्थितियों का गुलाम नहीं बनता, बल्कि अपने मूल्यों और उद्देश्यों के अनुसार जीवन जीने का प्रयास करता है।

जीवन की सबसे बड़ी जीत दूसरों पर नहीं, बल्कि स्वयं पर विजय प्राप्त करना है।

आत्म-नेतृत्व क्या है ?

आत्म-नेतृत्व का अर्थ है—

- स्वयं को समझना,
- स्वयं को दिशा देना,
- स्वयं को प्रेरित करना,
- और अपने जीवन की जिम्मेदारी स्वीकार करना।

यह दूसरों को नियंत्रित करने की नहीं, बल्कि स्वयं को नियंत्रित करने की क्षमता है।

जब कोई व्यक्ति आत्म-नेतृत्व विकसित कर लेता है, तो वह परिस्थितियों के अनुसार बदलने के बजाय अपने मूल्यों के अनुसार निर्णय लेने लगता है।

जिम्मेदारी स्वीकार करना

आत्म-नेतृत्व की पहली सीढ़ी है—जिम्मेदारी।

बहुत से लोग अपनी असफलताओं के लिए—

- परिस्थितियों को,
- भाग्य को,
- दूसरों को,
- या संसाधनों की कमी को दोष देते हैं।

लेकिन आत्म-नेता स्वयं से पूछता है—

"इस परिस्थिति में मैं क्या कर सकता हूँ?"

वह दोषारोपण के बजाय समाधान खोजता है।

जिम्मेदारी शक्ति देती है, जबकि बहाने शक्ति छीन लेते हैं।

चरित्र : नेतृत्व की नींव

प्रतिष्ठा (Reputation) वह है जो लोग आपके बारे में सोचते हैं।

चरित्र (Character) वह है जो आप वास्तव में हैं।

कोई व्यक्ति पद प्राप्त कर सकता है, लेकिन सच्चा नेतृत्व चरित्र के आधार पर ही टिकता है।

चरित्र के प्रमुख तत्व हैं—

- ईमानदारी
- सत्यनिष्ठा

- विनम्रता
- साहस
- जिम्मेदारी
- सम्मान

जब कोई नहीं देख रहा होता, तब आपका व्यवहार आपके चरित्र को प्रकट करता है।

ईमानदारी की शक्ति

ईमानदारी केवल दूसरों के प्रति नहीं, बल्कि स्वयं के प्रति भी आवश्यक है।

अपने आप से ईमानदार होने का अर्थ है—

- अपनी कमजोरियों को स्वीकार करना,
- अपनी गलतियों से सीखना,
- और स्वयं को धोखा न देना।

ईमानदारी विश्वास पैदा करती है, और विश्वास नेतृत्व की सबसे मूल्यवान पूँजी है।

निर्णय लेने की क्षमता

जीवन निर्णयों की श्रृंखला है।

आज आप जो निर्णय लेते हैं, वही आपके भविष्य का निर्माण करते हैं।

कुछ लोग निर्णय लेने से डरते हैं क्योंकि उन्हें गलती होने का भय होता है।

लेकिन निर्णय न लेना भी एक निर्णय है।

आत्म-नेता पूर्ण जानकारी की प्रतीक्षा नहीं करता।

वह उपलब्ध जानकारी के आधार पर सर्वोत्तम निर्णय लेता है और आवश्यकता पड़ने पर उसे सुधारने का साहस रखता है।

भावनात्मक नियंत्रण

नेतृत्व केवल बुद्धि का नहीं, भावनाओं का भी विषय है।

क्रोध, भय, निराशा और तनाव जीवन का हिस्सा हैं।

लेकिन आत्म-नेता अपनी भावनाओं का गुलाम नहीं बनता।

वह—

- प्रतिक्रिया देने से पहले सोचता है,
- कठिन परिस्थितियों में शांत रहने का प्रयास करता है,
- और भावनाओं को निर्णयों पर हावी नहीं होने देता।

भावनात्मक संतुलन कठिन समय में सबसे बड़ी शक्ति बन जाता है।

आत्म-अनुशासन : नेतृत्व का इंजन

पिछले अध्यायों में हमने अनुशासन की चर्चा की।

आत्म-नेतृत्व का आधार भी अनुशासन है।

आत्म-नेता—

- समय का सम्मान करता है।
- अपने वादे निभाता है।
- निरंतर सीखता है।
- अपने लक्ष्यों के प्रति प्रतिबद्ध रहता है।

वह जानता है कि छोटी-छोटी दैनिक आदतें ही उसके चरित्र और भविष्य का निर्माण करती हैं।

मूल्य आधारित जीवन

हर व्यक्ति के कुछ मूल मूल्य (Values) होते हैं।

उदाहरण:

- ईमानदारी
- सेवा
- सम्मान
- सीखना
- करुणा
- उत्कृष्टता

जब आपके निर्णय आपके मूल्यों के अनुरूप होते हैं, तो जीवन में स्पष्टता और संतोष बढ़ता है।

लेकिन जब आप अपने मूल्यों के विरुद्ध कार्य करते हैं, तो भीतर संघर्ष पैदा होता है।

आत्म-नेतृत्व का अर्थ है अपने मूल्यों के प्रति प्रतिबद्ध रहना, चाहे परिस्थितियाँ कैसी भी हों।

उदाहरण बनकर नेतृत्व करना

लोग अक्सर आपकी बातों से कम और आपके व्यवहार से अधिक सीखते हैं।

यदि आप चाहते हैं कि—

- लोग समय का सम्मान करें,
- ईमानदार रहें,
- मेहनत करें,

तो आपको स्वयं वह व्यवहार प्रदर्शित करना होगा।

नेतृत्व आदेश देने से नहीं, उदाहरण प्रस्तुत करने से विकसित होता है।

सेवा भाव का नेतृत्व

सच्चा नेतृत्व शक्ति प्राप्त करने के लिए नहीं, बल्कि दूसरों की सहायता करने के लिए होता है।

एक महान नेता स्वयं से पूछता है—

- मैं लोगों की कैसे सहायता कर सकता हूँ?
- मैं दूसरों के विकास में क्या योगदान दे सकता हूँ?
- मैं अपने समुदाय और समाज के लिए क्या कर सकता हूँ?

सेवा-भाव नेतृत्व को सम्मान और स्थायित्व प्रदान करता है।

मेरे अनुभव से

विकास, शिक्षा और सामुदायिक कार्यक्रमों में कार्य करते हुए मैंने देखा है कि सबसे प्रभावशाली लोग हमेशा सबसे ऊँचे पद पर बैठे लोग नहीं होते।

कई बार एक शिक्षक, एक सामुदायिक कार्यकर्ता, एक स्वयंसेवक या एक साधारण नागरिक भी असाधारण नेतृत्व का परिचय देता है।

उनकी विशेषता यह होती है कि वे पहले स्वयं जिम्मेदारी लेते हैं और फिर दूसरों को प्रेरित करते हैं।

वे शिकायत कम करते हैं और समाधान अधिक खोजते हैं।

यही आत्म-नेतृत्व की पहचान है।

प्रेरक कहानी : दर्पण और खिड़की

एक गुरु ने अपने शिष्य को एक खिड़की और एक दर्पण दिखाया।

उन्होंने पूछा—

"दोनों में क्या अंतर है ?"

शिष्य ने कहा—

"खिड़की से मैं दूसरों को देख सकता हूँ, और दर्पण में स्वयं को।"

गुरु ने मुस्कुराकर कहा—

"नेतृत्व की शुरुआत तब होती है जब व्यक्ति दूसरों को बदलने से पहले स्वयं को देखने लगता है।"

यह आत्म-नेतृत्व का सार है।

मेरा नेतृत्व घोषणापत्र

निम्न वाक्यों को पूरा कीजिए—

मैं किन मूल्यों के अनुसार जीवन जीना चाहता हूँ ?

मैं किन आदतों को विकसित करना चाहता हूँ ?

मैं अपने परिवार और समाज के लिए क्या योगदान देना चाहता हूँ ?

मैं किस प्रकार का व्यक्ति बनना चाहता हूँ ?

आत्मचिंतन अभ्यास

अभ्यास 1

अपने तीन प्रमुख मूल्यों की पहचान कीजिए।

अभ्यास 2

ऐसी एक आदत चुनिए जो आपके नेतृत्व को मजबूत बना सकती है।

अभ्यास 3

पिछले एक वर्ष में लिए गए तीन महत्वपूर्ण निर्णयों की समीक्षा कीजिए।

उनसे आपने क्या सीखा ?

अध्याय सारांश

- आत्म-नेतृत्व स्वयं को दिशा देने और जिम्मेदारी लेने की क्षमता है।
- चरित्र और ईमानदारी नेतृत्व की नींव हैं।
- निर्णय लेने की क्षमता और भावनात्मक संतुलन आवश्यक हैं।

- मूल्य आधारित जीवन स्पष्टता और संतोष प्रदान करता है।
- सच्चा नेतृत्व सेवा, उदाहरण और जिम्मेदारी पर आधारित होता है।

परिवर्तन चेकपॉइंट – भाग 5

स्वयं से पूछिए—

✓ क्या मैं अपने स्वास्थ्य और ऊर्जा का ध्यान रख रहा हूँ?

✓ क्या मेरे संबंध सकारात्मक और सार्थक हैं?

✓ क्या मैं अपने मूल्यों के अनुसार जीवन जी रहा हूँ?

✓ क्या मैं अपने जीवन की जिम्मेदारी स्वीकार करता हूँ?

यदि आपका उत्तर "हाँ" है, तो आप केवल परिवर्तन का अनुभव नहीं कर रहे, बल्कि परिवर्तन का नेतृत्व भी कर रहे हैं।

आज का कार्य

एक पृष्ठ का "**मेरा नेतृत्व संकल्प**" लिखिए।

उसमें लिखिए—

- मैं कौन हूँ?
- मैं किन मूल्यों पर चलूँगा?
- मैं समाज में क्या योगदान देना चाहता हूँ?
- मैं अपने जीवन को किस दिशा में ले जाना चाहता हूँ?

याद रखिए—

"नेतृत्व की सबसे महत्वपूर्ण यात्रा दूसरों तक पहुँचने से पहले स्वयं तक पहुँचने की यात्रा है। जब आप स्वयं का नेतृत्व करना सीख जाते हैं, तो आपका जीवन ही दूसरों के लिए प्रेरणा बन जाता है।"

अध्याय 16 : जीवन भर सीखते रहना

भूमिका

यदि कोई व्यक्ति यह सोच ले कि उसने सब कुछ सीख लिया है, तो उसी क्षण उसका विकास रुक जाता है।

दुनिया लगातार बदल रही है। नई तकनीकें, नए विचार, नए अवसर और नई चुनौतियाँ हर दिन हमारे सामने आ रही हैं। ऐसे में जो व्यक्ति सीखना बंद कर देता है, वह धीरे-धीरे पीछे छूटने लगता है।

जीवन का सबसे बड़ा सत्य यह है कि **सीखना केवल विद्यालय या महाविद्यालय तक सीमित नहीं है।** वास्तविक शिक्षा तो जीवन भर चलती रहती है।

परिवर्तन की यात्रा में सीखना कोई एक अध्याय नहीं, बल्कि वह धागा है जो पूरे जीवन को जोड़ता है।

सीखना क्यों आवश्यक है?

कल्पना कीजिए कि आप दस वर्षों तक एक ही स्थान पर खड़े रहें और दुनिया आगे बढ़ती रहे।

क्या होगा?

दुनिया बदल जाएगी, लेकिन आप वहीं रह जाएँगे।

आज के युग में सीखना केवल सफलता के लिए नहीं, बल्कि प्रासंगिक बने रहने के लिए भी आवश्यक है।

सीखने के लाभ—

- आत्मविश्वास बढ़ता है।
- अवसर बढ़ते हैं।
- समस्याओं को हल करने की क्षमता विकसित होती है।
- दृष्टिकोण व्यापक होता है।
- जीवन में उत्साह बना रहता है।

विकासशील मानसिकता (Growth Mindset)

कुछ लोग मानते हैं कि प्रतिभा जन्मजात होती है।

वे सोचते हैं—

- मैं गणित में अच्छा नहीं हूँ।
- मैं नेतृत्व नहीं कर सकता।
- मैं नई चीजें नहीं सीख सकता।

इसे स्थिर मानसिकता (Fixed Mindset) कहा जाता है।

इसके विपरीत विकासशील मानसिकता कहती है—

- मैं सीख सकता हूँ।
- मैं बेहतर बन सकता हूँ।
- अभ्यास से मेरी क्षमता बढ़ सकती है।

जो व्यक्ति विकासशील मानसिकता अपनाता है, वह चुनौतियों को अवसर के रूप में देखने लगता है।

हर व्यक्ति आपका शिक्षक है

सीखना केवल पुस्तकों से नहीं होता।

जीवन में मिलने वाला हर व्यक्ति कुछ न कुछ सिखाता है।

- एक शिक्षक ज्ञान देता है।
- एक मित्र सहयोग सिखाता है।
- एक बच्चा जिज्ञासा सिखाता है।
- एक बुजुर्ग अनुभव सिखाता है।
- एक असफलता धैर्य सिखाती है।

यदि सीखने की दृष्टि हो, तो पूरी दुनिया एक विद्यालय बन जाती है।

पढ़ने की आदत

इतिहास के अधिकांश सफल लोगों में एक समान आदत पाई गई है—पढ़ना।

पुस्तकें हमें उन लोगों के अनुभवों से सीखने का अवसर देती हैं जिनसे हम कभी मिले भी नहीं।

पढ़ना—

- सोच को विकसित करता है।
- ज्ञान बढ़ाता है।
- कल्पनाशक्ति को मजबूत करता है।
- निर्णय लेने की क्षमता सुधारता है।

प्रतिदिन केवल 15–20 मिनट पढ़ना भी दीर्घकाल में बड़ा परिवर्तन ला सकता है।

क्या पढ़ें?

हर व्यक्ति की रुचि अलग होती है, लेकिन कुछ विषय लगभग सभी के लिए उपयोगी होते हैं—

- आत्म-विकास
- जीवनी (Biographies)
- नेतृत्व
- संचार कौशल
- इतिहास
- मनोविज्ञान
- वित्तीय साक्षरता
- अपने कार्यक्षेत्र से संबंधित पुस्तकें

महत्वपूर्ण यह नहीं कि आप कितना पढ़ते हैं।

महत्वपूर्ण यह है कि आप जो पढ़ते हैं, उसे जीवन में कितना लागू करते हैं।

अनुभव से सीखना

कई लोग केवल जानकारी एकत्र करते रहते हैं।

वे पढ़ते हैं, सुनते हैं, देखते हैं, लेकिन लागू नहीं करते।

वास्तविक सीख तब होती है जब ज्ञान को व्यवहार में उतारा जाता है।

एक व्यक्ति तैराकी पर सौ पुस्तकें पढ़ सकता है।

लेकिन तैरना तभी सीखेगा जब पानी में उतरेगा।

सीखना और करना दोनों साथ चलने चाहिए।

असफलताओं से सीखना

जीवन के सबसे महत्वपूर्ण पाठ अक्सर कठिन अनुभवों से मिलते हैं।

जब कोई योजना असफल होती है, तो स्वयं से पूछिए—

- क्या अच्छा हुआ ?
- क्या गलत हुआ ?
- अगली बार मैं क्या बेहतर कर सकता हूँ ?

जो व्यक्ति हर अनुभव से सीखता है, वह कभी वास्तव में असफल नहीं होता।

जिज्ञासा की शक्ति

बच्चे लगातार प्रश्न पूछते हैं क्योंकि वे दुनिया को समझना चाहते हैं।

जैसे-जैसे हम बड़े होते हैं, हम प्रश्न पूछना कम कर देते हैं।

लेकिन सीखने की शुरुआत जिज्ञासा से होती है।

अपने आप से पूछिए—

- क्यों ?
- कैसे ?
- क्या कोई बेहतर तरीका है ?
- मैं इससे क्या सीख सकता हूँ ?

जिज्ञासा विकास का इंजन है।

डिजिटल युग में सीखना

आज सीखने के अवसर पहले से कहीं अधिक उपलब्ध हैं।

आप—

- ऑनलाइन पाठ्यक्रम कर सकते हैं।
- विशेषज्ञों के व्याख्यान सुन सकते हैं।
- डिजिटल पुस्तकें पढ़ सकते हैं।
- नए कौशल सीख सकते हैं।

लेकिन एक चुनौती भी है।

जानकारी बहुत है, लेकिन ध्यान सीमित है।

इसलिए केवल जानकारी इकट्ठा करने के बजाय उद्देश्यपूर्ण सीखना आवश्यक है।

सीखने की व्यक्तिगत योजना

अपने विकास की जिम्मेदारी स्वयं लीजिए।

हर वर्ष स्वयं से पूछिए—

मैं कौन-सा नया कौशल सीखना चाहता हूँ?

कौन-सी पुस्तकें पढ़ना चाहता हूँ?

किन लोगों से सीखना चाहता हूँ?

अपने क्षेत्र में बेहतर बनने के लिए मुझे क्या सीखना चाहिए?

जब सीखना योजनाबद्ध होता है, तो उसका प्रभाव भी अधिक होता है।

विनम्रता और सीखना

सीखने का सबसे बड़ा शत्रु अहंकार है।

जो व्यक्ति सोचता है कि उसे सब कुछ पता है, वह सीखने के अवसर खो देता है।

विनम्रता हमें यह स्वीकार करने की शक्ति देती है कि—

"मैं अभी भी सीख रहा हूँ।"

और यही स्वीकार्यता विकास का द्वार खोलती है।

मेरे अनुभव से

सामुदायिक विकास, शिक्षा और प्रशिक्षण के क्षेत्र में वर्षों तक काम करते हुए मैंने देखा है कि सबसे सफल लोग वे नहीं हैं जिनके पास सबसे अधिक डिग्रियाँ हैं।

सबसे सफल लोग वे हैं जो सीखना बंद नहीं करते।

वे हर प्रशिक्षण, हर बैठक, हर परियोजना और हर अनुभव से कुछ नया सीखने का प्रयास करते हैं।

उनकी सबसे बड़ी शक्ति उनका सीखते रहने का दृष्टिकोण होता है।

प्रेरक कहानी : भरा हुआ कप

एक विद्वान व्यक्ति एक गुरु के पास ज्ञान प्राप्त करने गया।

गुरु ने चाय डालना शुरू किया।

कप भर गया, लेकिन गुरु चाय डालते रहे।

चाय बाहर गिरने लगी।

विद्वान ने कहा—

"कप तो भर गया है।"

गुरु मुस्कुराए और बोले—

"ठीक वैसे ही जैसे तुम्हारा मन। जब तक तुम उसे खाली नहीं करोगे, नया ज्ञान उसमें प्रवेश नहीं कर सकता।"

सीखने के लिए खुले मन की आवश्यकता होती है।

आत्मचिंतन अभ्यास

अभ्यास 1

पिछले एक वर्ष में आपने कौन-सी तीन महत्वपूर्ण बातें सीखी हैं?

अभ्यास 2

अगले छह महीनों में सीखने के लिए एक नया कौशल चुनिए।

अभ्यास 3

उन पाँच पुस्तकों की सूची बनाइए जिन्हें आप अगले वर्ष पढ़ना चाहते हैं।

अध्याय सारांश

- सीखना जीवन भर चलने वाली प्रक्रिया है।
- विकासशील मानसिकता व्यक्ति को आगे बढ़ाती है।
- पुस्तकें, अनुभव और लोग सभी सीखने के स्रोत हैं।
- ज्ञान तभी उपयोगी है जब उसे व्यवहार में लाया जाए।
- विनम्रता और जिज्ञासा सीखने की नींव हैं।

आज का कार्य

आज कुछ नया सीखने के लिए कम से कम 20 मिनट का समय निकालिए।

एक लेख पढ़िए, कोई व्याख्यान सुनिए या किसी अनुभवी व्यक्ति से बातचीत कीजिए।

याद रखिए—

"जो व्यक्ति सीखना बंद कर देता है, वह बढ़ना बंद कर देता है। और जो सीखते रहने का निर्णय लेता है, उसके लिए हर दिन एक नई शुरुआत बन जाता है।"

अध्याय 17 : समाज के लिए योगदान

भूमिका

जीवन की यात्रा में हम शिक्षा प्राप्त करते हैं, अनुभव अर्जित करते हैं, सफलता हासिल करते हैं और अपने सपनों को साकार करने का प्रयास करते हैं। लेकिन एक समय ऐसा आता है जब हमें स्वयं से एक महत्वपूर्ण प्रश्न पूछना चाहिए—

"मेरी सफलता से केवल मेरा जीवन बेहतर हुआ है, या इससे समाज को भी कुछ लाभ हुआ है ?"

वास्तविक सफलता केवल प्राप्त करने में नहीं, बल्कि देने में भी है।

जब हमारा ज्ञान, अनुभव, समय और संसाधन दूसरों के जीवन में सकारात्मक परिवर्तन लाने लगते हैं, तभी हमारी उपलब्धियाँ एक व्यापक अर्थ प्राप्त करती हैं।

यही वह क्षण है जब व्यक्ति केवल सफल नहीं रहता, बल्कि सार्थक भी बन जाता है।

समाज हमें क्या देता है ?

हममें से कोई भी अकेले सफल नहीं होता।

हम जिस सड़क पर चलते हैं, जिस विद्यालय में पढ़ते हैं, जिस अस्पताल में इलाज कराते हैं, जिन पुस्तकों से सीखते हैं और जिन अवसरों का लाभ उठाते हैं, वे सभी समाज की सामूहिक व्यवस्था का परिणाम हैं।

हमारा जीवन असंख्य लोगों के योगदान से प्रभावित होता है।

इसलिए समाज को वापस कुछ देना केवल उदारता नहीं, बल्कि एक जिम्मेदारी भी है।

योगदान का वास्तविक अर्थ

जब लोग "समाज सेवा" शब्द सुनते हैं, तो अक्सर उन्हें लगता है कि इसके लिए बहुत अधिक धन या बड़े संगठन की आवश्यकता होती है।

लेकिन योगदान का अर्थ केवल आर्थिक सहायता नहीं है।

आप समाज की सेवा कर सकते हैं—

- अपने ज्ञान को साझा करके,
- किसी विद्यार्थी का मार्गदर्शन करके,
- किसी जरूरतमंद की सहायता करके,
- पर्यावरण की रक्षा करके,
- या किसी सकारात्मक पहल का हिस्सा बनकर।

छोटे योगदान भी बड़े बदलाव की शुरुआत बन सकते हैं।

सेवा का प्रभाव

सेवा का सबसे बड़ा लाभ यह है कि यह केवल दूसरों का जीवन नहीं बदलती, बल्कि हमारा अपना जीवन भी समृद्ध करती है।

सेवा—

- विनम्रता सिखाती है।
- करुणा विकसित करती है।
- जीवन को उद्देश्य प्रदान करती है।
- संतोष और खुशी बढ़ाती है।

कई लोग सफलता प्राप्त करने के बाद भी खालीपन महसूस करते हैं।

लेकिन जब वे दूसरों के जीवन में योगदान देना शुरू करते हैं, तो उन्हें एक गहरा उद्देश्य और संतुष्टि का अनुभव होता है।

परिवर्तन की शुरुआत स्वयं से

समाज परिवर्तन की शुरुआत बड़े अभियानों से नहीं, बल्कि व्यक्तिगत जिम्मेदारी से होती है।

यदि हम चाहते हैं कि—

- समाज ईमानदार बने,
- लोग जिम्मेदार बनें,
- वातावरण स्वच्छ रहे,
- शिक्षा का स्तर बेहतर हो,

तो हमें स्वयं से शुरुआत करनी होगी।

महात्मा गांधी का प्रसिद्ध विचार है—

"वह परिवर्तन स्वयं बनिए जो आप दुनिया में देखना चाहते हैं।"

यह विचार आज भी उतना ही प्रासंगिक है।

शिक्षा के माध्यम से योगदान

ज्ञान सबसे शक्तिशाली उपहारों में से एक है।

यदि आप किसी व्यक्ति को भोजन देते हैं, तो उसकी तत्काल आवश्यकता पूरी होती है।

लेकिन यदि आप उसे सीखने और आगे बढ़ने का अवसर देते हैं, तो उसका भविष्य बदल सकता है।

आप—

- बच्चों को पढ़ा सकते हैं,
- युवाओं का मार्गदर्शन कर सकते हैं,
- कौशल प्रशिक्षण दे सकते हैं,
- या अपने अनुभव साझा कर सकते हैं।

शिक्षा के माध्यम से किया गया योगदान पीढ़ियों तक प्रभाव छोड़ सकता है।

युवाओं की भूमिका

हर समाज का भविष्य उसके युवाओं पर निर्भर करता है।

युवा केवल भविष्य के नेता नहीं हैं।

वे वर्तमान के परिवर्तनकर्ता भी हैं।

यदि युवा—

- सकारात्मक सोच अपनाएँ,
- जिम्मेदारी लें,
- सीखते रहें,
- और समाज के लिए कार्य करें,

तो वे अपने समुदाय और राष्ट्र के विकास में महत्वपूर्ण भूमिका निभा सकते हैं।

पर्यावरण के प्रति जिम्मेदारी

समाज के लिए योगदान केवल लोगों तक सीमित नहीं है।

हमारा पर्यावरण भी हमारी जिम्मेदारी है।

छोटे कदम जैसे—

- पेड़ लगाना,
- पानी बचाना,
- प्लास्टिक का उपयोग कम करना,
- स्वच्छता बनाए रखना,

आने वाली पीढ़ियों के लिए बेहतर भविष्य बना सकते हैं।

नेतृत्व और सेवा

सच्चा नेतृत्व सेवा से जुड़ा होता है।

महान नेता स्वयं से यह नहीं पूछते—

"लोग मेरे लिए क्या कर सकते हैं?"

वे पूछते हैं—

"मैं लोगों के लिए क्या कर सकता हूँ?"

यही दृष्टिकोण नेतृत्व को सम्मान और स्थायित्व प्रदान करता है।

विरासत (Legacy) क्या है?

अधिकांश लोग अपने जीवन में कुछ न कुछ पीछे छोड़कर जाते हैं।

प्रश्न यह है—

आप क्या छोड़कर जाना चाहते हैं ?

- धन ?
- संपत्ति ?
- पद ?

या—

- प्रेरणा ?
- शिक्षा?
- सकारात्मक प्रभाव?
- बेहतर समाज?

विरासत केवल वह नहीं है जो हम छोड़ जाते हैं।

विरासत वह भी है जो हम दूसरों के भीतर विकसित कर जाते हैं।

मेरे अनुभव से

वर्षों तक समुदाय विकास, शिक्षा, स्वास्थ्य और सामाजिक कार्यक्रमों में कार्य करते हुए मैंने एक बात गहराई से महसूस की है—

सबसे स्थायी परिवर्तन तब होता है जब लोग स्वयं आगे बढ़कर अपने समुदाय के लिए जिम्मेदारी लेते हैं।

कई बार एक शिक्षक, एक स्वयंसेवक, एक ग्राम समिति सदस्य या एक युवा नेता अपने छोटे-से प्रयास से पूरे समुदाय में सकारात्मक परिवर्तन की शुरुआत कर देता है।

यही योगदान की वास्तविक शक्ति है।

प्रेरक कहानी : दीपक की रोशनी

एक अंधेरी रात में एक व्यक्ति के हाथ में छोटा-सा दीपक था।

किसी ने उससे पूछा—

"इतनी छोटी रोशनी से क्या होगा ?"

वह मुस्कुराया और बोला—

"यह पूरी दुनिया को रोशन नहीं कर सकती, लेकिन मेरे आसपास का अंधेरा जरूर दूर कर सकती है।"

धीरे-धीरे अन्य लोगों ने भी दीपक जलाए और पूरा क्षेत्र प्रकाश से भर गया।

समाज परिवर्तन भी ऐसा ही होता है।

एक छोटा सकारात्मक कदम अनेक लोगों को प्रेरित कर सकता है।

आत्मचिंतन अभ्यास

अभ्यास 1

अपने कौशल और अनुभवों की सूची बनाइए।

उनमें से कौन-सी चीज़ें आप दूसरों के साथ साझा कर सकते हैं ?

अभ्यास 2

ऐसी एक सामाजिक समस्या पहचानिए जो आपको प्रभावित करती है।

उसके समाधान में आप क्या छोटा योगदान दे सकते हैं ?

अभ्यास 3

अगले 30 दिनों के लिए एक सेवा कार्य निर्धारित कीजिए।

उदाहरण—

- किसी छात्र का मार्गदर्शन करना
- वृक्षारोपण करना
- पुस्तक दान करना
- किसी सामाजिक पहल में स्वयंसेवा करना

अध्याय सारांश

- वास्तविक सफलता में समाज के लिए योगदान शामिल होता है।
- सेवा केवल धन से नहीं, समय, ज्ञान और प्रयास से भी की जा सकती है।
- शिक्षा और मार्गदर्शन समाज परिवर्तन के शक्तिशाली साधन हैं।
- युवाओं की भूमिका अत्यंत महत्वपूर्ण है।
- हमारी विरासत हमारे द्वारा छोड़े गए सकारात्मक प्रभाव से बनती है।

आज का कार्य

आज किसी एक व्यक्ति की सहायता कीजिए, बिना किसी अपेक्षा के।

यह सहायता छोटी हो सकती है, लेकिन उसका प्रभाव गहरा हो सकता है।

याद रखिए—

"जीवन का उद्देश्य केवल सफल होना नहीं है। जीवन का उद्देश्य ऐसा प्रभाव छोड़ना है जिससे आपके जाने के बाद भी दुनिया थोड़ी बेहतर हो जाए।"

अध्याय 18 : परिवर्तन की शुरुआत से परिवर्तन की विरासत तक

भूमिका

जब आपने इस पुस्तक की शुरुआत की थी, तब शायद आपके मन में कुछ प्रश्न, कुछ सपने और कुछ चुनौतियाँ रही होंगी। हो सकता है आप अपने जीवन में बदलाव चाहते हों, नई दिशा खोज रहे हों या स्वयं का बेहतर संस्करण बनने की यात्रा पर निकलना चाहते हों।

अब, इस अंतिम अध्याय तक पहुँचते-पहुँचते आपने आत्म-जागरूकता, आत्मविश्वास, उद्देश्य, लक्ष्य, अनुशासन, स्वास्थ्य, संबंध, नेतृत्व और समाज के प्रति योगदान जैसे महत्वपूर्ण विषयों पर विचार किया है।

लेकिन यह पुस्तक किसी यात्रा का अंत नहीं है।

वास्तव में, यह आपकी नई यात्रा की शुरुआत है।

परिवर्तन एक घटना नहीं, एक प्रक्रिया है

बहुत से लोग सोचते हैं कि परिवर्तन किसी एक दिन अचानक हो जाता है।

लेकिन वास्तविक परिवर्तन धीरे-धीरे होता है।

- एक विचार से,
- एक निर्णय से,
- एक आदत से,
- एक छोटे कदम से।

जिस प्रकार एक बीज को वृक्ष बनने में समय लगता है, उसी प्रकार व्यक्तित्व का विकास भी समय, धैर्य और निरंतर प्रयास माँगता है।

इसलिए यदि आपको अभी तक पूर्ण परिवर्तन दिखाई नहीं देता, तो निराश मत होइए।

प्रगति पर ध्यान दीजिए, पूर्णता पर नहीं।

अपनी यात्रा को पहचानिए

कुछ समय निकालकर पीछे देखिए।

स्वयं से पूछिए—

- मैंने इस पुस्तक से क्या सीखा ?
- मेरे भीतर कौन-से नए विचार विकसित हुए ?
- कौन-सी आदतें मैंने अपनाई हैं ?
- किन क्षेत्रों में मुझे अभी और कार्य करना है ?

जब हम अपनी प्रगति को पहचानते हैं, तो आगे बढ़ने की प्रेरणा भी बढ़ती है।

सफलता की नई परिभाषा

समाज अक्सर सफलता को—

- धन,
- पद,
- प्रसिद्धि,
- और बाहरी उपलब्धियों

से मापता है।

लेकिन इस पुस्तक की यात्रा हमें एक गहरी समझ देती है।

सच्ची सफलता तब है जब—

- आपका चरित्र मजबूत हो,
- आपका स्वास्थ्य संतुलित हो,
- आपके संबंध सार्थक हों,
- आपका जीवन उद्देश्यपूर्ण हो,
- और आपका योगदान दूसरों के जीवन को बेहतर बना रहा हो।

ऐसी सफलता स्थायी होती है।

चुनौतियाँ फिर भी आएँगी

यह मत सोचिए कि आत्म-विकास की यात्रा पूरी होने के बाद समस्याएँ समाप्त हो जाएँगी।

जीवन में हमेशा—

- असफलताएँ आएँगी,
- आलोचनाएँ होंगी,
- अनिश्चितताएँ होंगी,

- और कठिन निर्णय लेने पड़ेंगे।

अंतर केवल इतना होगा कि अब आप उन चुनौतियों का सामना एक मजबूत व्यक्तित्व के साथ करेंगे।

परिस्थितियाँ हमेशा आपके नियंत्रण में नहीं होंगी।

लेकिन आपकी प्रतिक्रिया हमेशा आपके नियंत्रण में होगी।

अपनी कहानी के नायक बनिए

बहुत से लोग जीवन भर परिस्थितियों को दोष देते रहते हैं।

वे सोचते हैं—

- मेरे पास अवसर नहीं थे।
- मेरे पास संसाधन नहीं थे।
- मेरे साथ न्याय नहीं हुआ।

लेकिन परिवर्तन का मार्ग चुनने वाला व्यक्ति अपनी कहानी का नायक बनता है।

वह स्वयं से कहता है—

"जो भी परिस्थिति है, मैं उससे सीखूँगा और आगे बढ़ूँगा।"

यही दृष्टिकोण साधारण लोगों को असाधारण बनाता है।

विरासत क्या है?

जब आपका जीवन समाप्त होगा, तो लोग आपको किस रूप में याद करेंगे ?

शायद वे आपकी संपत्ति को भूल जाएँ।

शायद वे आपके पद को भी भूल जाएँ।

लेकिन वे यह याद रखेंगे—

- आपने लोगों के साथ कैसा व्यवहार किया।
- आपने किन जीवनों को प्रभावित किया।
- आपने कौन-से मूल्य जिए।
- आपने समाज में क्या योगदान दिया।

यही आपकी विरासत होगी।

परिवर्तन की विरासत

एक व्यक्ति का सकारात्मक परिवर्तन अनेक लोगों को प्रभावित कर सकता है।

एक जागरूक माता-पिता पूरे परिवार को प्रभावित कर सकते हैं।

एक समर्पित शिक्षक सैकड़ों विद्यार्थियों का भविष्य बदल सकता है।

एक प्रेरित युवा पूरे समुदाय को नई दिशा दे सकता है।

एक जिम्मेदार नागरिक समाज में बदलाव की शुरुआत कर सकता है।

इसलिए आपका परिवर्तन केवल आपका नहीं है।

उसका प्रभाव आपके परिवार, समुदाय और आने वाली पीढ़ियों तक पहुँच सकता है।

मेरी व्यक्तिगत कार्ययोजना

अब समय है कि आप अपनी परिवर्तन यात्रा को लिखित रूप दें।

मेरा उद्देश्य

मेरे तीन प्रमुख जीवन मूल्य

1.

2.

3.

अगले 12 महीनों के मेरे लक्ष्य

मैं कौन-सी नई आदतें विकसित करूँगा ?

मैं समाज के लिए क्या योगदान दूँगा

स्वयं से एक वचन-

अपने आप से यह संकल्प लीजिए—

मैं अपने जीवन की जिम्मेदारी स्वीकार करता हूँ।

मैं निरंतर सीखता रहूँगा।

मैं अपने मूल्यों के अनुसार जीवन जीने का प्रयास करूँगा।

मैं चुनौतियों से भागूँगा नहीं, उनका सामना करूँगा।

मैं अपने परिवार, समाज और राष्ट्र के लिए सकारात्मक योगदान देने का प्रयास करूँगा।

मैं प्रतिदिन स्वयं का बेहतर संस्करण बनने की दिशा में एक कदम अवश्य बढ़ाऊँगा।

शपथकर्ता के हस्ताक्षर ....

दिनांक - ....

लेखक का अंतिम संदेश

प्रिय पाठक,

यदि इस पुस्तक का केवल एक विचार भी आपके जीवन में सकारात्मक परिवर्तन ला सके, तो इसका उद्देश्य सफल हो जाएगा।

याद रखिए—

आपको पूर्ण बनने की आवश्यकता नहीं है।

आपको केवल प्रतिदिन थोड़ा बेहतर बनने की आवश्यकता है।

आपकी परिस्थितियाँ चाहे जैसी हों, आपके भीतर परिवर्तन की शक्ति मौजूद है।

आपका भविष्य आपके अतीत से तय नहीं होता।

वह आपके आज के निर्णयों से बनता है।

इसलिए स्वयं पर विश्वास रखिए।

सीखते रहिए।

आगे बढ़ते रहिए

सम्पूर्ण पुस्तक का सार

इस यात्रा में हमने सीखा—

✓ आत्मविश्वास विकसित करना

✓ डर और असफलता पर विजय पाना

✓ उद्देश्य और लक्ष्य निर्धारित करना

✓ अनुशासन और समय प्रबंधन अपनाना

✓ स्वास्थ्य और संबंधों को मजबूत बनाना

✓ आत्म-नेतृत्व विकसित करना

✓ जीवन भर सीखते रहना

✓ समाज के लिए योगदान देना

✓ और अंततः एक ऐसी विरासत बनाना जो हमारे जीवन से आगे भी जीवित रहे।

✓ स्वयं को पहचानना

✓ अपनी सोच बदलना

अंतिम प्रेरक संदेश

"परिवर्तन किसी बड़े अवसर की प्रतीक्षा नहीं करता। वह उसी क्षण शुरू होता है जब आप निर्णय लेते हैं कि अब मैं अपने जीवन की जिम्मेदारी स्वयं उठाऊँगा।"

और याद रखिए—

"एक कदम आज, एक कदम कल, और यही छोटे कदम मिलकर एक असाधारण जीवन का निर्माण करते हैं।"

समाप्त नहीं...

यहीं से आपकी वास्तविक यात्रा शुरू होती है ....

आत्ममूल्यांकन प्रश्नावली :-

(Self-Assessment Questionnaire)

निर्देश-

प्रत्येक कथन को ध्यानपूर्वक पढ़ें और अपने वर्तमान व्यवहार के आधार पर अंक दें:

अंक	अर्थ
1	कभी नहीं
2	बहुत कम
3	कभी-कभी
4	अक्सर
5	हमेशा

भाग 1 : आत्म-जागरूकता

1. मैं अपनी शक्तियों और कमजोरियों को पहचानता हूँ। ___
2. मैं अपनी गलतियों से सीखने का प्रयास करता हूँ । ___
3. मैं नियमित रूप से आत्मचिंतन करता हूँ । ___
4. मैं अपने व्यवहार का दूसरों पर प्रभाव समझता हूँ। ___
5. मुझे अपने जीवन के प्रमुख मूल्यों की स्पष्ट जानकारी है। ___

भाग 2 : आत्मविश्वास

6. मुझे अपनी क्षमताओं पर विश्वास है। ___
7. मैं नए अवसरों को स्वीकार करने का साहस रखता हूँ। ___
8. आलोचना मिलने पर मैं टूटता नहीं हूँ। ___
9. मैं सार्वजनिक रूप से अपने विचार व्यक्त कर सकता हूँ। ___
10. कठिन परिस्थितियों में भी मैं स्वयं पर भरोसा रखता हूँ। ___

भाग 3 : लक्ष्य और उद्देश्य

11. मेरे जीवन के स्पष्ट लक्ष्य हैं। ___
12. मैं अपने लक्ष्यों को लिखकर रखता हूँ। ___
13. मुझे पता है कि मैं जीवन में क्या हासिल करना चाहता हूँ। ___
14. मैं अपने लक्ष्यों की नियमित समीक्षा करता हूँ। ___
15. मेरे दैनिक कार्य मेरे दीर्घकालिक लक्ष्यों से जुड़े हैं। ___

भाग 4 : अनुशासन और आदतें

16. मैं समय पर अपने कार्य पूरे करता हूँ। ___
17. मैं अपनी दिनचर्या का पालन करता हूँ। ___
18. मैं टालमटोल (Procrastination) से बचने का प्रयास करता हूँ। ___
19. मेरी अधिकांश आदतें मेरे विकास में सहायक हैं। ___
20. मैं अपने वादों को निभाने का प्रयास करता हूँ। ___

भाग 5 : समय प्रबंधन

21. मैं अपनी प्राथमिकताएँ तय करता हूँ। ___
22. मैं अनावश्यक कार्यों में समय बर्बाद नहीं करता। ___
23. मैं महत्वपूर्ण कार्यों के लिए समय निर्धारित करता हूँ। ___
24. मैं समय की कीमत समझता हूँ। ___
25. मैं अपने दिन की योजना बनाता हूँ। ___

भाग 6 : भावनात्मक संतुलन

26. तनावपूर्ण परिस्थितियों में मैं शांत रहने का प्रयास करता हूँ। ___
27. मैं क्रोध पर नियंत्रण रख पाता हूँ। ___
28. मैं असफलताओं से जल्दी उबर जाता हूँ। ___
29. मैं नकारात्मक भावनाओं को स्वस्थ तरीके से संभालता हूँ। ___
30. मैं चुनौतियों का सकारात्मक दृष्टिकोण से सामना करता हूँ। ___

भाग 7 : स्वास्थ्य और ऊर्जा

31. मैं अपने शारीरिक स्वास्थ्य का ध्यान रखता हूँ। ___
32. मैं पर्याप्त नींद लेता हूँ। ___
33. मैं नियमित रूप से व्यायाम करता हूँ। ___
34. मैं संतुलित भोजन लेने का प्रयास करता हूँ। ___
35. मेरे पास दिनभर कार्य करने के लिए पर्याप्त ऊर्जा रहती है। ___

भाग 8 : संबंध और संचार

36. मैं दूसरों की बात ध्यान से सुनता हूँ। ___
37. मैं सम्मानपूर्वक संवाद करता हूँ। ___
38. मेरे संबंध सकारात्मक और सहयोगपूर्ण हैं। ___
39. मैं मतभेदों को शांतिपूर्ण तरीके से सुलझाने का प्रयास करता हूँ। ___
40. मैं दूसरों की सहायता करने के लिए तैयार रहता हूँ। ___

भाग 9 : नेतृत्व और जिम्मेदारी

41. मैं अपने निर्णयों की जिम्मेदारी लेता हूँ। ___
42. मैं दूसरों के लिए सकारात्मक उदाहरण बनने का प्रयास करता हूँ। ___
43. मैं समस्याओं के बजाय समाधान खोजता हूँ। ___
44. मैं टीम में सहयोगपूर्वक कार्य कर सकता हूँ। ___
45. मैं अपने मूल्यों के अनुसार जीवन जीने का प्रयास करता हूँ। ___

भाग 10 : सीखना और योगदान

46. मैं नई चीजें सीखने के लिए उत्सुक रहता हूँ। ___
47. मैं नियमित रूप से पढ़ता या सीखता हूँ। ___
48. मैं अपने ज्ञान और अनुभव को दूसरों के साथ साझा करता हूँ। ___
49. मैं समाज के लिए सकारात्मक योगदान देने का प्रयास करता हूँ। ___
50. मैं स्वयं का बेहतर संस्करण बनने के लिए निरंतर प्रयासरत हूँ। ___

कुल अंक

सभी अंकों का योग करें:

कुल स्कोर = ______ / 250

परिणाम विश्लेषण

200 – 250 अंक

🌟 उत्कृष्ट

आप आत्म-विकास और नेतृत्व की दिशा में मजबूत स्थिति में हैं। निरंतर सीखते रहें और दूसरों के लिए प्रेरणा बनें।

---

150 – 199 अंक

📈 प्रगति पर

आप सही दिशा में हैं। कुछ क्षेत्रों में और सुधार करके आप अपने विकास को नई ऊँचाइयों तक ले जा सकते हैं।

---

100 – 149 अंक

⚡ सुधार की आवश्यकता

आपके भीतर अपार संभावनाएँ हैं। नियमित अभ्यास, अनुशासन और आत्मचिंतन के माध्यम से महत्वपूर्ण परिवर्तन संभव है।

---

50 – 99 अंक

🌱 नई शुरुआत का समय

यह आपके लिए परिवर्तन की यात्रा शुरू करने का सर्वोत्तम अवसर है। इस पुस्तक के अभ्यासों को गंभीरता से अपनाएँ और छोटे कदमों से शुरुआत करें।

आत्मचिंतन

मेरे तीन सबसे मजबूत क्षेत्र:

मेरे तीन सुधार योग्य क्षेत्र:

आज मैं कौन-सा एक परिवर्तन शुरू करूँगा ?

धन्यवाद व आभार !

अपने जीवन का बहुमूल्य समय अपने आप को देने के लिए।